教师要学叶圣陶

Jiaoshi Yaoxue Ye Shengtao

大夏书系·与大师同行

雷玲 主编

华东师范大学出版社

目 录

吾学篇

学校与管理

1. 叶圣陶教育思想的九大要点／白　雪 ｜ 3

2. 校长必须知道的叶圣陶的 60 句语录／李若千 ｜ 8

3. 学校阅读启示：提倡读点"整本的书"／顾黄初 ｜ 12

教书与育人

1. 叶圣陶对教育最有影响的三个观点／婧　涵 ｜ 16

2. 怎样做一个合格的人民教师／赵先寿 ｜ 19

3. 让我们共同播下"习惯"的种子／倪　钧 ｜ 28

4. 叶圣陶的课堂教学观、素质教育观、教师观／熊振鸿 ｜ 31

5. 做学生良好习惯的引路人／张纪凤 ｜ 39

6. 《一粒种子》的启示：童话中的教育哲思／龚永兴 ｜ 42

教与学

1. 叶圣陶对课堂教学最有影响的 13 个观点／雷婧涵 ｜ 45

2. 说话训练是语文教学的总枢纽／顾黄初 ｜ 53

3. 预习——练习阅读最主要的阶段／顾黄初 ｜ 57

4. 讨论——上课活动最主要的方式 / 顾黄初 | 63
5. 精读、略读与参读的相互配合 / 顾黄初 | 69
6. 重温叶圣陶识字与写字教学观 / 杨德伦 | 74
7. 好习惯是学好语文的支点 / 徐龙年 | 76

吾行篇

学校与管理

1. 重拾教育精神：我们这样践行叶圣陶教育思想 / 周春良 | 83
2. 学习叶圣陶，创语文教学特色学校 / 刘凤梅 | 91
3. 他律化自律，习惯成自然 / 谭家学 | 95
4. 三三式，引领教师专业发展 / 柏先红 | 101

教书与育人

1. 用爱心拨动孩子的"心弦" / 李正强 | 105
2. 面对犯错的学生 / 张海央 | 110
3. 三招培养学生的良好习惯 / 高妍薇 | 113
4. 给孩子一个机会 / 陈洁 | 116

教与学

1. 让学生学会阅读的解构与建构 / 薛茂红 | 119
2. 叶圣陶为"百字作文"助阵 / 何捷 | 122
3. 在"玩与学"中喜欢上历史与社会课 / 李茂春 | 129
4. 叶圣陶写作教学思想的课堂演绎 / 陆青春 | 133
5. 最是那一缕缕晨光
   ——记低段学生的一次即兴写话练习 / 任华芬 | 142

6. 浸入语境来朗读 / 周　乐　｜ 146

7. 当学生成为课堂的主人 / 崔田田　｜ 149

8. 贵在自得 / 王秀利　｜ 152

吾思篇

学校与管理

1. 叶圣陶的教学观、教材观、师生观对当今教育的启发 / 张晓霞　｜ 159

2. 要怎么"教"，才能达到"不需要教" / 徐龙年　｜ 166

3. 从叶圣陶"培养合格公民"中想到的 / 李　晴　｜ 172

教书与育人

1. 教室——和谐世界的乐园 / 陈学生　｜ 176

2. 透过叶圣陶教育思想反思教育 / 张宝月　｜ 180

3. 身教最为贵，知行不可分 / 肖海珍　｜ 184

4. 用叶圣陶的思想解读儿童立场 / 马彩芳　｜ 188

5. 好习惯是这样养成的 / 曹大赞　｜ 192

教与学

1. "写什么"是作文教学的关键所在 / 赵克明　｜ 199

2. 从精批细改的重围中突围 / 陈道佩　｜ 202

3. 课堂小练笔如何走向高效 / 郭运动　｜ 207

4. 在阅读中生发作文 / 刘剑华　｜ 213

5. 寻找语文教学的最佳"导"路 / 代保民　｜ 218

6. 工具性与人文性何以体现 / 薛茂红　｜ 230

吾学篇

教育工作不限于课堂教学,课堂教学课外活动一起抓,才能使学生受到更多的实益,打下德、智、体全面发展的基础。

——叶圣陶

(摘自《叶圣陶教育文集》,人民教育出版社,1994年)

学校与管理

1. 叶圣陶教育思想的九大要点

> 教育的根本价值和目的是"育人",是培养"自觉的,自动的,发展的,创造的,社会的"现代中国人,是"使学生能做人,能做事,成为健全的公民"。
>
> ——叶圣陶
>
> (摘自《叶圣陶教育文集》,人民教育出版社,1994年)

一、关于中国的教育改革实践

中国的教育改革是综合系统的改革:"教育和社会本当互相适应,脱离了社会,教育便失去根据。"

中国的教育改革是本质精神的改革:"教育的本质的改革尤其紧要。教育要为全社会而设计,要为训练成对社会做点事的人而设计;教育决不能为挑选少数选手而设计,结果使这些选手光荣显耀,站在众人的头顶上,伸出手来,收受众人的供养。"

二、关于教育的价值和目的

"教育的根本价值和日的是'育人',是培养'自觉的,自动的,发展的，创造的，社会的'现代中国人，是'使学生能做人，能做事，成为健全的公民'。"

"全面发展的教育包括五个组成部分，就是智育，基本生产技术教育，德育，体育，美育，目的在培养全面发展的新人"，也就是"培养社会的成员，使他们的个性得到全面的发展"。

以培养现代化的中国人为价值和目的，中国现代教育就必然要关怀学生的终身发展和能否终生受用，成为养成良好习惯的教育。"光记住些什么是远远不够的。必得把某些精要的东西化为自身的血肉，养成永久的习惯，终身以之，永远实践，这才对于做人真有用处。""养成良好的习惯，直到终身由之的程度，是一条规律。""教育是什么？往简单方面说，只须一句话，就是养成良好的习惯。"

三、关于教育的过程和本质

教是为了达到不需要教，教育过程是引导学生自己学习，学会自学，以至坚持终身自学的过程。教育就是教人自我教育，同时教学相长，互相教育。

要确立学生的主体地位。学生绝非"空瓶子"，等着"揭开瓶盖，把各种知识、各项道德条目装进去"；"学生是主体"，是"有生机的种子，本身具有萌发生长的机能，只要给予适宜的培育和护理，就能自然而然地长成佳谷、美蔬、好树、好花"。"受教育者自有发掘探讨的能力，这种能力只待培养，只待启发，教育事业并非旁的，就只是做那培养和启发的工作。"需"把依赖性的'受教育'转变为主动性的'自我教育'"。教育"为儿童全生活着想，固当特设一种相当的境遇"，"儿童既处于特设的境遇里，一切需要，都从内心发出"。"不愤不启，不悱不发"，"愤悱启发是一条规律"。

教育过程要以导为主，逐渐放手，把"达到不需要教"作为追求的目标，让学生"疑难能自决，是非能自辨，斗争能自奋，高精能自探"。"教师当然须教，而尤宜致力于'导'"，引导学生学会自学，这就"好比扶孩子走路，能放手时坚决放手"。教师要启发学生，熏陶学生，"让他们自己衷心乐意向求真崇善爱美的道路昂首前进"。

四、关于教育的发展和"贵在顺进化之理"

应未来之需，要充分发挥教育对于文化的开创功效，注重培养学生的创新精神和实践能力，不断实现教育自身的创新。"贵在顺进化之理，以备应付将来"。"要特别注意引导他们知变，求变，善变，有所改革，有所创新"。"儿童的天性本是注重事实的，欢喜自己去做的。"教育"宜为学童开发心灵"，"使学生有自由发展思想的能力"。切忌，"活读运心智，不为书奴仆"。

五、导学教学论

教学的目的和功能：教是为了不教，要"引导自学"，既引导学生在知识、技能上"自为研索""自我历练"，又引导学生在思想、品德上"自辨是非""自我修养"；既引导学生自己去读书，又引导学生自己去实践；既要有学习方法的指导，又要有自学动机、态度、习惯、精神的培养；既引导学生在校时主动学习，又引导学生将来终身自学。这种"引导"，不仅是"言教"，而且是"身教"。

教学模式：自学—讨论—应用。

教学原则和方法：认定目标，致力于导；激发动力，发展主体；教材为例，举一反三；愤悱启发，相机诱导；指点学法，逐渐放手；注重实践，养成习惯；因材施教，发挥创造；正确评价，以利自学。

六、语文教育论

语文的本质："人与人交流和交际的必不可缺的工具"。语文教育的目的与价值："善于养成运用国文这一种工具来应付生活的普通公民"。

语文教育的基本规律和原则：正确处理白话与文言的关系；正确处理语文与文学的关系；听、说、读、写相结合；知识学习与能力、习惯养成相结合；"文"与"道"有机统一；语文教育与思维发展有机统一。

语文课程的基本目标："养成阅读书籍的习惯，培植欣赏文学的能力，训练写作文章的技能"，其内核是人文精神、思维能力和自学习惯的培养。

语文教材的功能：一是"凭借"，二是"例子"，三是"锁钥"。

语文教学的思路和方法：阅读方面，要自读、活读、多读、恒读，即尝试自学，了解揣摩，质疑讨论，诵读感悟，练习应用，积累养成。作文方面，要为人生、写真话、重创造、贵自能，即作文目标上，为了人生，重在创造；作文内容上，源于生活，发乎心灵；作文语言上，修辞立诚，学习写话；作文过程上，引导主动，自作自改。听说方面，要诱导自觉、创设环境、锻炼习惯，即明确目标要求，启发自觉听说；创设良好环境，教师示范熏染；课内课外结合，提供朗读、讨论、演讲、辩论等各种实践机会，督促认真锻炼，养成良好习惯。

七、养成良好习惯

叶圣陶的重要教育思想："理解是必要的，但是理解之后必须能够运用；知识是必要的，但是这种知识必须成为习惯。""任何知识，第一要正确，第二要能够随时随地地应用，这哪里是讲一讲听一听的事？要正确，就得认真学习，成为习惯。要应用，就得切合实际，成为习惯。""好的态度才能随时随地表现，好的方法才能随时随地应用，好象出于本能，一辈子受用不尽。""直到'习惯成自然'，不用强制与警觉，也能行所无事的做去，这些就是终身受用的习惯了。""养成习惯，换个说法，就是教育。"

培养学生良好习惯的方法：
- 知行合一，注重实践；
- 顺应心情，正面诱导；
- 小事入手，奠定基础；
- 抓好开端，严格训练；
- 持之以恒，不断积累；
- 正确评价，追求自然。

培养学生良好习惯的途径：
- 广开渠道，多方训练；
- 优化环境，积极影响；
- 以身作则，为人师表。

八、关于人本德育思想

学会做人："做人，做社会的够格的成员，做国家的够格的公民。"

"人己一体"的德育内容和核心：基本内容的三个层面为政治方向、人生观、道德行为；基本内涵为个人和社会的关系密切而不可分割，社会进步了，大群幸福了，才会有个人的真正进步和幸福，因此，个人要"把一己融合在大群里头"，努力做有益于社会的事，并且必要时能够"舍小我为大我"，但同时个人又有其主体性和价值。

九、导学教学思想

"所贵乎教者，自力之锻炼。"

"诱导与启发，讲义并示范，其道固多端，终的乃一贯，譬引儿学步，独行所切盼。"

基本教学模式：预习—讨论—应用—考查。

（白　雪　整理）

2. 校长必须知道的叶圣陶的 60 句语录

可否自始即不多讲，而以提问与指点代替多讲。提问不能答，指点不开窍，然后畅讲，印入更深。

——叶圣陶

（摘自《叶圣陶教育文集》，人民教育出版社，1994 年）

1. 一个学校的教师都能为人师表，有好的品德，就会影响学生，带动学生，使整个学校形成一个好校风，这样就有利于学生的德、智、体全面发展，对学生的成长大有益处。

2. 做教师最主要的是不说假话。要求学生做到的，自己要先做到。

3. 教师当然须教，而尤宜致力于"导"。

4. 自己摸索得来比向别人学更重要。

5. 凡为教，目的在于达到不需要教。

6. 我以为好的先生不是教书，不是教学生，乃是教学生学。

7. 自能读书，不待老师讲；自能作文，不待老师改。老师之训练必做到这两点，乃为教学之成功。

8. 教师教任何功课（不限于语文），"讲"都是为了达到用不着"讲"，换个说法，"教"都是为了达到用不着"教"。怎么叫用不着"讲"用不着"教"？学生入了门，上了路了，他们能在繁复的事物之间自己探索，独立实践，解决问题了，岂不是就用不着给"讲"给"教"了？这是多么好的境界啊！

9. 可否自始即不多讲，而以提问与指点代替多讲。提问不能答，指点不开窍，然后畅讲，印入更深。

10. 让受教育者"疑难能自决，是非能自辨，斗争能自奋，高精能自探，成为一个能'自得'的人"。……咱们当教师的要引导他们，使他们能够自己学，自己学一辈子，一直学到老。

11. 教育就是培养习惯。

12. 要文章写得像个样儿，应该在拿起笔之前多做准备功夫。准备功夫不仅是写作方面的纯技术的准备，急躁是不成的，秘诀是没有的。实际生活充实了，种种习惯养成了，写文章就会像活水那样自然的流淌了。

13. 所谓学习方法，无非是参考、分析、比较、演绎（一般个别）、归纳（个别一般），涵泳，体味，整饬语言，获得表达技能这些项。

14. 要有所爱，有所恨，有所为，有所不为；和广大的人民，为同一目标而斗争。

15. 文风是作风，也是思想风。

16. 培育能力的事必须继续不断地去做，又必须随时改善学习方法，提高学习效率，才会成功。

17. 理想是事业之母。

18. 读书忌死读，死读钻牛角。

19. 课文无非是个例子。

20. 教是为了不教。

21. 人不能没有理想，没有理想只能糊糊涂涂的活下去，反省一下就会感到无聊，感到没意思。

22. 以出世的精神，做入世的工作。

23. 阅读是写作的基础。

24. 教师教各种学科，其最终目的在达到不复需教，而学生能自为研索，自求解决。

25. 小学教育的价值，就在于打定小学生一辈子有真实明确的人生观的根基。

26. 学校教育应当使受教育者一辈子受用。

27. 教育之要点，当天逾养成儿童正确精神之思想能力。

28. 学校教育的目的就在于使学生养成正确的人生观。

29. 教师工作的最终目的，无非是培养学生具有各种良好的习惯。

30. 教是为了达到不需要教。

31. 只有做学生的学生，才能做学生的先生。

32. 教育工作者的全部工作就是为人师表。

33. 教师并非教书，而是教育学生。

34. 师范教育是推进和革新教育事业的根本。

35. 教师之为教，不在全盘授予，而在相机诱导，必令学生运其才智，勤其练习，领悟之源广开，纯熟之功弥深，巧为善教者也。

36. 教育工作不限于课堂教学，课堂教学课外活动一起抓，才能使学生受到更多的实益，打下德、智、体全面发展的基础。

37. 养成习惯，换个说法，就是教育。

38. 就作用的方面说，进步的教育偏重熏陶。就领受的方面说，进步的教育偏重自得。

39. 一辈子坚持自学的人也就是一辈子自强不息的人。

40. 当教师的人，应当讲究修养。

41. 品德教育重在实做，不在于能说会道。

42. 文当然要作的，但是要紧的在乎做人。

43. 端正教育思想是改革教育最紧要之点。

44. 德行须从民主来修养。

45. 教育是什么？往简单方面说，只须一句话，就是养成良好的习惯。

46. 教师和学生是朋友，在经验和知识上，彼此虽然有深浅广狭的差别，在精神上却是亲密体贴的朋友。

47. 在教育方面，什么学制、备课、训导纲要、教科书籍，比起教师来，都居于次要地位。

48. 在教育来学的人的同时，要特别注意引导他们知变，求变，善变，有所改革，有所创新。

49. 在现代中国做一个人，决不可放弃丰富自己，充实自己的每一个机会。

50. 把依赖性的"受教育"转变为主动性的"自我教育"。

51. 教训对于儿童，冷酷而疏远；感情对于儿童，却有共鸣似的作用。所以谆谆告语不如使之自化。

52. 唯有老师善读善写，乃能导引学生渐进于善读善写。

53. 国文是儿童所需要的学科，国文是发展儿童心灵的学科。

54. 教习某科为教学工作，熏陶善诱为教育工作，凡为教师，固宜教学与教育兼任也。

55. 或说写似技能而非技能，实际是其人的表现。

56. 各种学科除了各自的目标之外，有个共通的总目标，就是：教育学生，使之成为国家的合格公民。

57. 所谓教师之主导作用，其义在"引导"，并非一切由教师主动，学生处于被动地位，只听教师讲说。

58. 无论哪一种能力，要达到了习惯成自然的地步，才算是我们有了那种能力。

59. 尽量运用语言文字并不是生活上一种奢侈的要求，实在是现代公民所必须具有的一种生活能力。

60. 各种学科的教学都一样，无非教师帮着学生学习的一串过程。

（李若千　整理）

3. 学校阅读启示：提倡读点"整本的书"

> 现在国文教材似乎该用整本的书，而不该用单篇短章，……退一步说，也该把整本的书作主体，把单篇短章作辅佐。
>
> ——叶圣陶
>
> （摘自《叶圣陶教育文集》，人民教育出版社，1994年）

早在20世纪40年代初期，叶圣陶就在《论中学国文课程的改订》一文中指出："现在国文教材似乎该用整本的书，而不该用单篇短章，……退一步说，也该把整本的书作主体，把单篇短章作辅佐。"到1949年新中国成立初期，他在总结多年实践经验的基础上，为当时的教科书编审委员会草拟了《中学语文科课程标准草稿》，又把上述观点修正和发展成为这样一条内容："中学语文教材除单篇的文字而外，兼采书本的一章一节，高中阶段兼采现代语的整本的书。"

叶圣陶的这个主张，是同他对于语文学科的性质、任务、教学原则等的精辟见解密切联系着的。在他看来，指导学生读"整本的书"，意义主要表现在两个方面。

一是有利于养成学生良好的读书习惯。所谓良好的读书习惯，具体指什么呢？就是能够按照读物的性质，作适当处理："需要翻查的，能够翻查；需要参考的，能够参考；应当条分缕析的，能够条分缕析；应当综观大意的，能够综观大意；意在言外的，能够辨得出它的言外之意；义有疏漏的，能够指得出它的疏漏之处；到此地步，阅读书籍的习惯也就差不多了。"这样一种读书习惯，光靠一些"单篇短章"的习读，是不能有效地养成的，还得靠学生在教师的指导下独立地、一丝不苟地去阅读"整本的书"，方能收事半功倍之效。特别是高中阶段已是人们接受普通教育的最后一个阶段，以后或升入高一级学校深造，或踏入社会参加实际工作，不可避免地要独立地去阅读大量的"整本的书"，以增长自己的理论修养或业务专长。如果在校学习期间，他们读的不只是"一种读本"，不只是一些"单篇短章"，而是还有若干与他们各自的志趣、爱好相投的"整本的书"，且在读这些书的时候，他们经过教师的指导，不但学会了通过翻查工具书来解决自己在阅读中碰到的生词僻典，也懂得为弄清书中的某个问题该怎样去查阅有关的参考资料，甚至还掌握了根据需要对全书进行分析、综合、撮要、辨误的本领，那么，他们在离开学校之后，就自然地具备了一种能使自己的聪明才智和学识技艺进一步发展的优越条件，并可受用一辈子。

二是有利于扩大他们的知识领域，锻炼他们的思维能力。在一般情况下，"整本的书"同"单篇短章"相比，知识的容量总要大些，思路的拓展总要复杂些，这对发展学生的智能都是十分有利的。例如，关于各类文体的知识：一部《红楼梦》，诗词歌赋曲，奏议函铭诔，凡属应有，几乎尽有；杨沫的《青春之歌》中，林道静低吟的是感人肺腑的"囚歌"，林红讲述的是动人心魄的"故事"，陈教授慷慨陈词的是激愤的"议论"，王晓燕意外收到的是林道静写来的"书信"，而吴禹平口诵的则是黄诚创作的七言"律诗"；阿尔森·古留加的《黑格尔小传》，既有关于黑格尔生平事迹的充满情趣的"记叙"，又有关于这位著名思想家的一些基本哲学观点的"评述"，还有许多"抒情性文字"，能使读者由此真切地触摸到这位智慧过人而又略带忧郁的"老人"心灵深处的奥秘。又如，关于一般的知识：朱乔森等的《李大钊传》，有对辛亥革命前后特别是五四运动前后，旧中国风云变幻的政治、军事斗争复杂形势的叙述，有对中国共产党建党初期一系列珍贵史料的介绍，当然更有关于这位我国最早的马克思主义传播者思想发展的剖析和代表著作的评价；冯定的《平凡的真理》，在论证树立革命人生观的必要性时，引述了古今中外许多与人生观问题相联系的名人逸事。总之，一部优秀的著作，就如同一座七宝楼台，闪耀着五彩缤纷的知识之光，善读者将从中汲取到极其丰富的养料。而当他们在这七宝楼台中寻径觅路去审察、探究能工巧匠的构思和布局的时候，自己的思维能力也必然得到实际的锻炼。

叶圣陶所说的读"整本的书",当然不是指一般的课外阅读,而是指列入教学计划的一项教学内容,所以他非常强调教师在阅读前后的"指导"和"考查"。在抗日战争的艰苦岁月里,潜心于祖国教育事业的叶圣陶曾经同朱自清合作编写过一本《略读指导举隅》。这是一部专供教师参考用的、指导学生读"整本的书"的教学用书。其中所列书目,包括《孟子》《史记菁华录》《唐诗三百首》《蔡孑民先生言行录》《胡适文选》《呐喊》和《爱的教育》等七部书。按每部书具体情况的不同,他们分别作了五个方面的指导。

1. 版本指导。简要介绍该书的写作年代和版本变化情况,以突现其历史地位。

2. 序目指导。通过对序文和目录的介绍,交代该书的写作意图和内容梗概。

3. 参考书籍指导。推荐若干有助于读懂该书的参考用书。

4. 阅读方法指导。这是指导的重点,即结合该书内容和形式的特点提示阅读的门径。

5. 问题指导。这是指导的又一个重点,即对书中的疑点、难点和要点提出自己的看法。

这几个方面的指导,要指导得正确、精要,当然是很不容易的,需要指导者对这些古今中外的专著、专集有相当全面、相当深入的研究。但如果指导得好,指导者的治学态度和阅读习惯,将给学生以深刻影响。为了更好地组织"对于阅读结果的报告与讨论",进而养成学生"不动笔墨不读书"的良好习惯,他还特别强调要认真切实地做好读书笔记,把那些"参考得来的零星材料,临时触发的片段意思","极关重要的解释与批评,特别欣赏的几句或一节",以及"研究有得,成了完整的理解与认识"的结果,都随手记下;"这样成了习惯,终身写作读书笔记,便将受用无穷"。看来,这些指导和督促,在选读"单篇短章"时都不易切实地做到,得通过"整本的书"的阅读,才能逐步地、有效地求其实现。

读"整本的书",究竟该读哪些书,这得根据具体情况来确定。按照叶圣陶的有关论述,总的原则为:观点正确,材料可靠,感情健康;在文艺界、科技界(包括社会科学、自然科学)已有定评;用现代语。这里要研究的是,有关社会科学和自然科学的著作，能不能用来作为语文课的阅读材料？我认为只要选择得当，确实文质兼美，就完全可以。这里不妨引叶圣陶的挚友和亲翁夏丏尊关于读书问题的一段精辟论述来作说明，他认为："照普通的情形看来，一部书可以含有两种性质：书本身有着内容，内容上自有系统可寻，性质属于一般科学；书是用语言文字写着的，从形式上去推究，就属于语言文字了。一部《史记》，从其内容说，是历史，但也可以选出一篇来当做国文科教材。诸君所用的算学教科书，当然是属于科学一类的，但就语言文字看，也未始不可为写作上的参考模范。算学书里的文章，朴实正确，秩序非常完整，实是学术文的好模样。"因此他说，"我不承认有许多独立存在的所谓国语科的书籍，书籍之中除了极少数的文法、修辞等类以外，都可以是不属于国语科的"，"可是如果从形式上着眼，当做语言文字来研究，那就没有一种不是国语科的材料"了。据此可知，读书的范围是绝不能拘囿于文学著作的，它应该扩展到文、史、哲、政、经、地、数、理、化等各个方面。当然，在开始指导学生读"整本的书"的时候，不妨侧重于选读文艺性、趣味性较强的书；待学生摸到了阅读的门径，积累了阅读的经验，并且逐步产生了某种个人的、业务上的志趣，就应该针对他们不同的志趣指定不同的阅读材料，以便因材施教。

语文教材中"兼采现代语的整本的书"，在理论上固然还可以作进一步的探讨，在实践上也还有不少具体困难需要解决，但据我了解，目前确实已经有一些学校的试点班在做这方面的实验，相信持之以恒，硕果可期。在学习和研究叶圣陶语文教学思想的时候，把这个问题特别提出，希望能引起同行们的关注，想来并非无益。

（扬州大学　顾黄初）

教书与育人

1. 叶圣陶对教育最有影响的三个观点

> 养成好习惯必须实践，换一句话说，那不仅是知识方面的事，心里知道该怎样怎样，未必就能养成好习惯，必须怎样怎样去做，才可以养成好习惯。
>
> ——叶圣陶
>
> （摘自《叶圣陶语文教育论集》，教育科学出版社，1980年）

一、关于养成"习惯"

从国文科，咱们将得到什么知识，养成什么习惯呢？简括地说，只有两项，一项是阅读，又一项是写作。要从国文科得到阅读和写作的知识，养成阅读和写作的习惯。阅读是"吸收"的事情，从阅读咱们可以领受人家的经验，接触人家的心情；写作是"发表"的事情，从写作，咱们可以显示自己的经验，吐露自己的心情。在人群中间，经验的授受和心情的交通是最切要的，所以阅读和写作两项也最切要。这两项的知识和习惯，他种学科是不负授与和训练的责任的，这是国文科的专责。每一个学习国文的人应该认清楚：得到阅读和写作的知识，从而养成阅读和写作的习惯，就是学习国文的目标。

同学们一定要努力学会自学的本领，养成自学的习惯。只知道捧着课本死记硬背是没有用处的，至多只能应付考试。学会了自学的本领，养成了自学的习惯，将来离开了学校，才能在工作和生活中不断地自我充实，自我修养，成为有益于人民的人，有益于社会的人。

养成好习惯必须实践，换一句话说，那不仅是知识方面的事，心里知道该怎样怎样，未必就能养成好习惯，必须怎样怎样去做，才可以养成好习惯。向人家打听，听听人家的意见，当然是有益的，但是吸收的好习惯，还得在继续不断地阅读中养成，发表的好习惯还得在继续不断地写作中养成。废书不观，搁笔不写，尽在那里问什么阅读方法写作方法，以为一朝听到了方法，事情就解决了，那是决无之理。

（摘自《重读叶圣陶·走进新课标：教是为了不需要教》，湖北教育出版社，2004 年）

二、关于学习能力的培养

阅读要靠自己的力，自己能办到几分务必办到几分。不可专等老师给讲解，也不可专等老师抄给字典辞典上的解释以及参考书上的文句。直到自己实在没法解决，才去请教老师或其他的人。因为阅读是自己的事，像这样专靠自己的力才能养成好习惯，培养真能力。再说，我们总有离开可以请教的人的时候，这时候阅读些什么，非专靠自己的能力不可。

（摘自《叶圣陶语文教育论集》，教育科学出版社，1980 年）

三、关于加强历练

要知道所谓能力不是一会儿就能够从无到有的，看看小孩子养成走路跟说话的能力多麻烦。阅读跟写作不会比走路跟说话容易，一要得其道，二要经常历练，历练到成了习惯，才算有了这种能力。说阅读跟写作的能力差，并不指没有阅读过，没有写作过，是指以往的阅读跟写作还不怎么得其道，因而经常的历练多半成了白费，不能够养成好习惯。现在要来补修，当然得竭力争得其道，跟着还得经常的历练，才可以收到实际的效果。

在中小学语文教学中，基础知识和基本训练都重要，我看更要着重训练。什么叫训练呢？就是要使学生学的东西变成他自己的东西。譬如，学一个字，要他们认得，不忘记，用得适当，就要训练。语文方面许多项目都要经过不断练习，锲而不舍，养成习惯，才能变成他们自己的东西。现在语文教学虽然注意练习，其实练得不太多，这就影响学生掌握基础知识。老师对学生要求要严格。严格不是指老师整天逼着学生练这个练那个，使学生气都透不过来，而是说凡是要学生练习的，不要练过一下就算，总要经常引导督促，直到学的东西变成他们自己的东西才罢手。

（摘自《叶圣陶语文教育论集》，教育科学出版社，1980年）

（婧　涵　整理）

2. 怎样做一个合格的人民教师

> 无论教育和教学，都为的学生，要学生进步和成长。
>
> ——叶圣陶
>
> （摘自《叶圣陶教育文集》，人民教育出版社，1994 年）

叶圣陶先生一生致力于教育事业，当了七十多年教师。他对教师这个职业十分熟悉，非常喜爱。他认为，教育是培养人的社会活动，而教育工作又是靠教师来实施的。"没有教师，教育无从实施；没有教师，受教育者无从向人去受教育。"所以，特别看重教育就不能不特别看重教师。在大力提倡全社会尊重教师的同时，叶老对教师也是有严格要求的。他认为教师"担负的既然是教育工作，就不能不就当前国家的形势，就受教育者的前途，考虑该怎样'自处'"。在叶老关于教育的等身论著中，谈及这方面的文字相当多，言词深刻，论述精辟。总的来说，叶老希望教师要以身作则、为人师表，能以自己的"好模样"去教育学生。换言之，就是希望每位教师都能成为合格的人民教师。

那么，怎样才能成为一个合格的人民教师呢？概括叶老有关人民教师的论述，主要有以下十个方面。

一、热爱学生，全面关心学生的进步和成长

为学生服务，使学生受益，这是社会主义学校教育的重要特征，也是叶老教育思想的灵魂和核心。教师为什么要热爱学生？叶老认为，学生上学不是去读书，是去受教育。"受教育的意义和目的是做人，做社会的够格的成员，做国家的够格的公民。"我们办教育，就是要培养全面发展的人，培养社会主义国家合格的公民，培养"四化"建设所需的各个方面的人才。他以接力跑作比，形象地说："当今的青少年和儿童是滚滚洪流似的接力跑的后继者，他们将要从现在各条战线上奋力奔跑的人的手里接过火炬继续向前奔跑。"所以，教师要热爱和关心学生，认真地为学生服务。"无论教育和教学，都为的学生，要学生进步和成长。"叶老语重心长地说："爱护后代就是爱护祖国的未来。"

热爱学生，全面关心学生的进步和成长，对教师提出了多方面的要求。集中地反映在以下三个方面：一是要求教师心中要有学生，要认识学生，尤其要认识"学生目前处于什么样的社会，这个社会将过渡到什么样的社会，他们在这里头将起什么样的作用"。只有教师心中有了学生，对学生有深刻的认识，才能为学生服好务。二是要求教师要有高度的社会责任感，忠诚于教育事业，对教育工作认真负责。他说，"既然担任了教职，我以为做好教育工作最要紧"，"教学工作大有可为，专意为之，贡献至大，其乐无穷"。只有对教育工作认真负责的老师，才会专心致志、心无旁骛，才会在教育教学工作中"边教边省察，见到成效固然可喜可慰，见到错失就赶紧用心钻研，谋求改进，以期更好地为学生服务"。三是要求教师不怕劳累，不辞辛苦。他说，"今之任教者，共知为最勤劳最辛苦之役"，但"教师可云甘为学生服务，不惮其劳"。这种明知当教师"辛劳特甚"，仍"尽心竭力"，无怨无悔，甘为孺子牛的精神，正是教师对学生爱的体现，也正是教师受到人们尊敬的原因。

二、以身作则，用自身的模范言行影响学生

叶老说："'以身作则'，这真是极端重要的守则，任何人都应当如此，教师尤其应当如此。教师如不能以身作则，天天念思想政治的经毫无用处。"为什么教师尤其应当以身作则呢？叶老认为，教师作为"全国各民族人民中的一分子，本该德才兼备，知能日新，一心为公，实事求是"，何况自己是教育工作者，是人类知识技能的传递者和社会主义精神文明的传播者，理应成为社会的好成员，国家的好公民。他说教师既然担负的是教育工作，无论言教或是不言之教，总之要用自己的好模样去教人，才能收到训练和熏陶的实效。用自己的好模样去教人就是"为人师表"。

教师怎样用"自己的好模样"去教育和影响学生呢？叶老认为，青少年是最容易受影响的，要使他们受到的影响全是好的，最有效的办法是教师以身作则，一言一行，全是好的。通常说教育工作分"言教"和"身教"，以"身教"为贵。就是说教师教学生不能光靠语言，还得以身作则，真正的教育作用在语言跟实际生活的一致上。一个教师如果只会说不会做，或是说一套做一套，那对学生的影响就不好，学生就会认为话是可以随便说的，是可以跟实际生活正反相背的，是可以不负责任的；如果教师的话跟他的实际生活完全一致，不但像通常说的"说得到做得到"，而且做得到才说，情形就大不相同，学生不仅会口服心服、心悦诚服，还会仿而效之，努力去做。叶老还说："以身作则，这四个字可以说是教师终身的座右铭，要做到家并不容易；可是有志的教师总希望能做到家，而且做到几分，必然有几分明显的成效。"所以，他主张教育工作者的全部工作就是为人师表。

三、教书育人，凡为教师教学教育必须兼任

叶老说，德育很要紧，该怎样做个中国人，该抱什么态度学习，学习好了又该怎样，这些都要靠教师随时启发指导，使学生真能领会并且实践。叶老又说，空无依傍的德育似乎是没有的，德育总跟智育或者体育结合在一起。这就是说德智体三育是紧密联系、辩证统一、相互渗透、相互促进的。"教书育人"是句约定俗成的用语，教书和育人也是紧密联系、不可分割的，那种所谓"只教书不育人"的现象是不存在的。叶老认为，知识方面的教学跟思想品德方面的教育本来就是紧密联系的，不要把两者机械地割裂开来；必须用这样的思想来设置课程，编选教材，设计训练方案，才可能把学生培育成中华人民共和国的合格公民。

为了做好"教书育人"的工作，叶老希望"各科教师均负熏陶之责，不以教某科为限。易言之，教习某科为教学工作，熏陶善诱为教育工作，凡为教师，固宜教学与教育兼任也"。他举例说，学生是从各项训练中，从各门功课的学习和实践中，逐渐形成他们正确的世界观的。世界观的形成必得通过跟事物密切相关的智育和体育。所以，他希望"所有的老师都有改进教育和教学的责任，也都有改进教育和教学的条件，因为大家都在实践之中，唯有实践才能出真知"。教学、教育兼任，这是对教师工作内涵的深刻揭示，也是对人民教师的严格要求。

四、强调自学，努力达到教是为了不需要教

叶老有句名言，即"教是为了达到不需要教"。他说："教师当然须教，而尤宜致力于'导'，导者，多方设法，使学生能逐渐自求得之，卒底于不待教师教授之谓也。"他在给孙女的信中解释说，老师给学生讲道理，传授知识技能，这就是"教"；学生明白了道理，自己能运用懂得的道理去应付事物了，就不用再教了。叶老认为："教任何功课，最终目的都在于达到不需要教。假如学生进入这一境界，能够自己去探索，自己去辨析，自己去历练，从而获得正确的知识和熟练的能力，岂不是就不需要教了吗？"

如何才能进入这样的境界呢？叶老认为，一方面靠教师善教，即多方设法、相机诱导，让学生学会自学。他说，贤明的教师"特别致力于引导学生善于自学"，"唯有能这样做的教师才够得上称为名副其实的教育家"。另一方面靠自己学会自学。所谓自学，我们通常的理解就是没有教师指导，自己独立学习，即相对于教学而言的独立获得知识和技能的一种学习活动。叶老认为，自学就是自己主动地从社会各方面去受教育。"这就是自我教育，简化地说就是'自学'。"叶老在阐述"受教育的意义和目的是做人"的同时，还特别强调要做到三个"真能"。他说："真能懂得事物，真能明白道理，真能实践好行为，才是目的。这三个'真能'极为重要。学生果真能了，才是真正受到了教育。"只有这样，教师的"教"才真正转化成"不需要教"，学生才能进入"疑难能自决，是非能自辨，斗争能自奋，高精能自探"的境界。

五、改进教法，博学众家之长形成独自风格

叶老认为，教和学的关系并不是简单的授给和接受的关系。什么"瓶子观点""填鸭式教学"以及老师照本宣科、学生枯坐听讲的做法，他都是很厌恶的。他说，教学如果不得其法，只照着课本宣讲，学生很可能什么也学不到。这样教等于鼓励学生自己不必花心思动脑筋，因而越学越蠢。这些教法被叶老斥之为"坏的教法"。叶老在呼吁"端正教育思想"的同时，也热情鼓励教师们"改进教学方法"。他说，现在学生的学习负担很重，老师备课教课，随时督促，批改大量作业，负担也很重，彼此苦不堪言。要减轻双方的沉重负担，就需要改进现行的教学方法。

什么是好的教学方法？叶老认为，"能引导学生自己动脑筋，自己得到真理解，这是好的教法"。俗话说"教学有法，教无定法""运用之妙，存乎一心"。即使能让学生得到实益、收到实效的方法，即使曾经受到某某赞赏的方法，都不宜"定于一"。善于运用好教法的教师，除了有一些相同或相似的地方——比如"把学生看成有生机的种子，本身具有萌发生长的机能，只要给予适宜的培育和护理，就能自然而然地长成佳谷、美蔬、好树、好花"；在教学中善于点拨和启发诱导，让学生自己花心思、动脑筋，"自求得之"；善于"在指导学习之中使学生受到鼓励"，调动学生学习的积极性，发展学生的主观能动性；传授学习方法，引导学生学会自学，注重发展学生智力，培养学生发现问题、分析问题和解决问题的能力；等等——外，应该还有各自的教学特点和风格。即在客观地总结自己的教学得失的基础上，学习和借鉴别人好的教法与经验，领略其要旨，吸纳其精华，并结合自己教学的具体情况，灵活运用。总之，教法的改进是无止境的，是精益求精的，是与时俱进的，是带有教师的个性色彩和时代印记的。

六、激发兴趣，培养学生动脑筋的探究精神

在谈到改进教学方法、调动学生学习的积极性时，叶老还非常重视鼓励学生学习，激发学生的学习兴趣，培养学生主动动脑筋的探究精神。所谓兴趣，是指人的认识需要的情绪表现，是对某种事物所抱有的积极态度和特殊倾向。兴趣和乐趣可以丰富青少年的知识，开发他们的智力，可以使他们对生活充满热情和憧憬。叶老希望教师善于培养学生有"那种事事钻研，样样追究个为什么，样样能自己想出办法来实验的精神"。他认为，这种精神是创造发明的动力，"在社会主义建设的新时代，谁都需要有这种精神"。

如何培养这种学习兴趣和科学探究的精神呢？叶老认为，第一，要认真改进课堂教学。课堂里教的是最基本、最主要的东西，教师要讲得生动活泼，善于启发诱导,让学生主动花心思、动脑筋,学生才能记住它、消化它、运用它。同时,还应想方设法,加强直观性教学,"随时顾到促进学生的求知欲",让学生学得有兴趣,乐于学习,"自求得之"。第二,要善于指导学生阅读。学生通过阅读,不仅能学到很多知识,开拓知识视野,培养道德情操,还有利于巩固课内所学知识,领略触类旁通的乐趣,使求知欲更加旺盛。教师对阅读的指导要及时、要精选,要让他们开卷有益、联系实际,读有所得、学有所用。第三,充分利用学校的动植矿标本室、理化生实验室、实习工厂、种植园地之类,让学生从直观中受到教育,培养他们的广泛兴趣和动手能力。第四,组织学生到动物园、植物园、博物馆、天文馆、地质馆、科技馆、图书馆以及展览馆等,参观学习。第五,组织学生进行工厂参观、农村访问、社会调查、假期旅行等,不仅可使学生增长见识,开阔眼界,培养兴趣,而且能使他们接触社会,了解群众,接受教育和锻炼。

七、加强训练,养成社会所需要的良好习惯

让学生养成社会所需要的良好习惯,也是叶老教育思想的一大亮点。什么是教育?叶老说:"所谓教育,无非是从各方面给学生好的影响,使学生在修养品德、锻炼思想、充实知识、提高能力、加强健康各方面养成好的习惯。"1980年8月,他在接受《人民日报》记者访谈时说:"什么是教育?简单一句话,就是要养成良好的习惯。"在德育方面,要养成待人处世和工作的良好习惯;在智育方面,要养成寻求知识和熟悉技能的良好习惯;在体育方面,要养成保护并促进身体健康的良好习惯。我们社会主义社会的教育,就是要培养学生在社会主义社会里生活的一切良好习惯。

叶老认为,一个人的"良好习惯主要是在学校里养成"的。所以,教师对培养学生的良好习惯负有主要责任。叶老说:"教师工作的最终目的,无非是培养学生具有各种良好的习惯。诸如热爱国家关心他人的习惯,礼貌诚笃的习惯,虚心自强的习惯,阅读书写的习惯,勤劳操作的习惯,求实研索的习惯等等。"他还说,从小学老师到大学教授,他们的任务都是帮助学生养成良好习惯,帮助学生养成政治方面、文化科学方面的良好习惯。为此,他向教师提出了以下几点希望:一是教师要有良好习惯。"教师要完成这个重大任务，自己就得继续不断地培养这些良好习惯"。二是教师要使学生具有好习惯，克服不良习惯。"养成了好习惯，不仅是个人的益处，对于社会生活和各项工作也大有益处"。三是要从幼儿时抓起。贤明的父母都注意从小训练孩子，等他们进了幼儿园，进了小学后，保育员和老师同样注意训练他们，让他们养成好习惯。四是要从小事情抓起。如开门关门、举止言谈等，都要为他人着想，尽量做到不妨碍他人。五是要加强训练，化为习惯。叶老说，好的态度和好的方法，包括日常生活方面的，待人接物方面的，求知识方面的，干工作方面的，都要在实践中加强训练，化为习惯，如出于本能，随时随地表现出来，一辈子受用不尽。

八、善于学习，不断充实自己，增强自身素质

叶老认为，教育工作者"担负的既然是教育工作，就不能不就当前国家的形势，就受教育者的前途，考虑该怎样'自处'"。他说，在一切都要开创新局面的时期，在建设两个高度文明的时期，在全国各族人民齐心协力务必建成有中国特色的社会主义的时期，谁也不能说学过了就够了，谁都必须随时随地力求长进，永不停止。在谈到社会主义新时期知识分子"何以自处"时，叶老殷切期望教师要坚持实事求是，顺应时代发展，加强学习和锻炼，不断充实自己，提高自身素质。

教师如何充实自己呢？叶老认为，一是要善于学习。世界上的事情是学不完的，无论是谁，都要学习一辈子。教师自然也要学习一辈子，一直学到老。不仅向书本学习，更要向社会学习，向群众学习，向有经验的同志学习，还要向自己的学生学习。二是要躬行实践。要把所学的东西化为自身的东西（这就是"有诸己"），联系实际，并要运用于实践。三是要锻炼思维。语言与思维密切相关，语言说得好在于思维的正确。因此，锻炼思维至关重要。四是要触类旁通。要求教师精通一门、旁及其他，即不仅能够精通自己教的那门功课，对其他各门功课也都有大致的了解，讲起课来就能触类旁通。五是要改革创新。社会在发展，时代在前进，教师要想与时俱进，必须"知变，求变，善变，有所改革，有所创新"。

九、通力合作，充分发挥教育者的群体作用

叶老认为，学生不光在学校里受教育，在学校之外，如在家庭里，在社会上，也无时无刻不在受教育。所以家长以及社会上所有的人全都是教育者，全都担负着教育下一代的责任和义务。可见，人的培养，不仅有一个较长的过程，而且是一个很多人共同参与的集体劳动。但是，叶老强调说："学校是教育青年、少年和儿童的主要场所。"社会上所有的人都有教育后代的责任和义务，学校里更是如此，不论领导还是教职员工，都应该通力合作，尽职尽责，形成合力，把教育学生、培养后代的责任担当起来。

为什么学校的教育者要通力合作呢？叶老认为，从教育的角度说，德智体几方面是无法截然分开的。教育是一个整体。学校为了教和学的方便，把教育内容分为德育、智育、体育等几个方面，又规定各门课程分别教授，分别训练，但是教育仍然是一个不可分割的整体。"不但不可分割，而且应该渗透在各种活动之中"。如果把某一种活动机械地规定为进行某一项教育，恐怕是不切合实际的，结果只会削弱这种活动的教育作用，此其一。二是从受教育者来说，每一个学生也都是一个不可分割的整体。教师虽有分工，无论教语文、体育、史地、理化，都得考虑该怎么教才能达到培养学生的总目标。教的是某一门功课，为的是针对着总目标给学生必要的培养。三是从教育的效果来说，也需要教育者通力协作。叶老说，在一个学校里，由于老师通力协作的熏陶，他们对学生的指导和训练就容易产生好影响，收到好效果。所以，他希望"教师无论教什么，都得从整体着想，互相配合，步调一致，才能把每一个学生都培养成为对社会主义建设有用的公民"。叶老还强调，要学生有好思想和品德，如果家庭、学校、社会上的各方各面真能通力协作，必然易于见效，因为每个学生都生活在这些群体里。

十、坚定信念，联系实际，积极投身教育改革

叶老对教育改革寄予厚望，决心很大。他说，咱们的教育非改革不可，不改革不能适应"四化"建设的需要。适应"四化"建设的需要就是改革的目的，绝不能是别的目的。他一向认为"在教育工作的领域里，习惯势力极其顽固，很不容易进行有效的改革，因此之故，不容易提高质量，不容易做出显著

的成绩"。他说，现在是一切事业要求改革，开创新局面的时期；教育事业必须改革，有心人对此看法完全一致；教育事业怎样改革，许多实践者正在作种种调查研究和实践试验。总之，某些承袭了七八十年的所谓新式学校的老框框非丢掉不可了。

叶老在致力于教育事业的几十年中，一直从实践和理论的结合上进行着教育教学的改革与探索，艰苦地寻觅和揭示教育的特点与规律。改革开放以来，他不顾年事已高，仍为教育改革呼吁呐喊。叶老对于教育改革的主张，主要反映在以下几个方面：一是希望全社会端正教育思想，明确教育究竟为何事。他认为，改革教育，根本扭转教育的不良风气，就需要各方面都来端正教育思想，明白教育究竟是怎么一回事，国家为什么要办教育，学生为什么要受教育，"大家都认清了教育究竟是何事，风气才会转变过来"。所以，他说："端正教育思想是改革教育最紧要之点。"二是明确教育目的。叶老说："教育的最终目的在学生能自学自励，出了学校，担任了工作，一直能自学自励，一辈子做主动有为的人。"他对应试教育非常反感，说这是"古来相传之风习深中人心，以为十年窗下，唯求应试入选。今年各省市中学皆提前准备，此是至可忧虑之事，可虑在不明普通教育之目的"。三是改革教学方法。去掉那些劳而少功的方法，采取那些不至于过劳而有实效的方法，提倡启发点拨，相机诱导，教会和鼓励学生自学，实现"教是为了达到不需要教"，逐渐进入老师从容不迫、学生身心双健的教学境界。四是鼓励改革试验。教育必须改革，叶老说："改革当然不能随便来，必须进行试验，既然是试验，道路当然不止是一条。只要有根据，有办法，认定务须对学生有好处，尽不妨你试你的，我试我的，试它一年两年看效果究竟怎么样。"五是不断增强教师素质。叶老说，提高教育和教学的质量已经受到了普遍的重视。而要进一步提高教育和教学的质量，必须首先提高老师的思想水平和业务能力。他希望每一位教师都能遵循教育规律，发挥主导作用，在对学生熏陶、启发和训练上用心着力。他恳切希望所有的教育工作者都把教育看作一门科学，认真探索和试验，注重实践和成效，群策群力，密切合作，为推动教育事业的改革和发展作出贡献。

（湖北大学　赵先寿）

3. 让我们共同播下"习惯"的种子

教师工作的最终目的，无非是培养学生具有各种良好的习惯。

——叶圣陶

（摘自《叶圣陶教育文集》，人民教育出版社，1994年）

叶圣陶的教育思想博大精深，不是一天两天能学透的，也不是一句两句能说清的，下面我主要从"教育就是养成良好的习惯"尤其是行为习惯这一角度谈谈自己的几点肤浅认识。

一、什么是习惯

叶老在《习惯成自然》一文中说："就是不必故意费什么心，仿佛本来就是那样的意思。"按照现在教育心理学的说法，习惯，是经过反复练习、实践，逐步养成的不需本人意志努力和旁人提示、监督的生活方式与行为。它是长时间反复实践养成的，它是自觉、自律的，用不着本人"故意费什么心"，也不需要他人提醒和纪律约束，达到"习以为常、自然而然"的地步。叶老所说的"养成好习惯"，其含义既包括语言、举止等个人的行为习惯，也泛指广义的社会习惯，涉及思想态度、道德风尚、情感修养乃至理想信念等层面。

二、为什么说教育就是养成良好的习惯

"教师工作的最终目的，无非是培养学生具有各种良好的习惯。"养成良好习惯的教育思想，是叶老数十年潜心从事教育实践和理论探索的结晶。早在1919年，叶圣陶在《小学教育的改造》一文中，便表达了"养成良习、陶

冶性情"的观点。1941年他在《如果我当教师》中正式提出"教育就是养成好习惯"这一重要论断。1983年,他在《读书和受教育》一文中,更深刻地指出:"必得把某些精要的东西化为自身的血肉,养成永久的习惯,终身以之,永远实践,这才对于做人真有用处。"这就把"养成良好的习惯"提到了非常高的地位,和"教育"画上了等号。

著名画家陈丹青撰文说,现代教育培养的人,是有知识、没文化,有专业、没理想,有地位、有学位,但不一定有教养。他举了自身的一个例子。一次到罗马旅游,进了一家古董店,只顾埋头看文物,然后向一位很有风度的老先生问价钱,老先生说:"这是我的店,你进来招呼都不跟我打,就在那里看,我不卖给你。"陈教授当时就脸红了,于是发出感叹:很多人没礼貌,并不是品质有多不好,而是不知道怎么尊敬人,没有养成礼貌的习惯。可见,叶老的思想决非陈年老调,在今天仍有着很强的现实意义,永不会过时。

三、养成良好的习惯应该从小事入手

叶圣陶先生不是空头的教育理论家,他的理论来自教育、教学实践,他的关于"养成教育"的论述,几乎深入到中小学教育的方方面面。他在《如果我当教师》中谈到:"养成小朋友的好习惯,我将从最细微最切近的事物入手;但硬是要养成,决不马虎了事。譬如门窗的开关,我要教他们轻轻的,'砰'的一声固然要不得,足以扰动人家心思的'咿呀'声也不宜发出;直到他们随时随地开关门窗总是轻轻的,才认为一种好习惯养成了。"就是这么一件小而又小的事,叶圣陶先生叙述得多明确,多细致。

我们不要小看这些所谓的小事,之前在《读者》上看到过这么一则故事:40多年前,苏联政府要挑选宇航员去完成第一次太空遨游,加加林当时并不是所有人选中条件最好的一个,他只是抱着试试看的心态参加挑选,根本没想到自己会被选中。当幸运之神降临到他头上的时候,所有的人都感到惊讶,加加林甚至以为那是个愚人节的玩笑。一直到他登上飞船进入太空,遨游了108分钟,成为世界上第一位进入太空的宇航员后,总设计师罗廖夫才揭开了他入选的谜底。在挑选宇航员时,罗廖夫发现在所有前来参加选拔的人中,在进入太空舱前,只有加加林一个人脱下皮鞋后才进去。脱掉皮鞋,一个细微的举动，给了加加林一次闻名世界的机会。

我们帮助学生养成良好的习惯就应该从小事入手，离学生的生活经验近一点、小一点、实一点，由浅入深、循序渐进，让好的一言一语、一举一动、一点一滴注入学生的心灵，融入学生的血脉。这方面我们许多班主任做得非常好，有的指导学生将课桌蒙上一个布套或一张白纸，培养其爱护公物的好习惯；有的指导学生给小树挂胸牌，培养其爱护环境的好习惯；有的手把手地教学生怎样扫地、怎样将拖把摆放整齐，培养其讲卫生、爱劳动的好习惯；有的充当临时爸爸妈妈，陪学生去理发，培养其遵守学校仪容仪表规范的好习惯……有一位班主任在初一时就将课桌、门窗、地面的卫生保洁工作责任到人，一开始很累，但长期的训练使学生逐渐养成了良好的习惯，不用老师再提醒；进入初三，尽管学习任务很重，但无论你何时踏进这个班，班里都是干干净净的。学生行为习惯的养成教育仍是我们工作的重点，我们应将把它贯穿于学期的始终。

（江苏省苏州市草桥中学　倪　钧）

4. 叶圣陶的课堂教学观、素质教育观、教师观

各种学科的教学都一样，无非教师帮着学生学习的一串过程。

——叶圣陶

(摘自《叶圣陶教育文集》，人民教育出版社，1994年)

一、关于课堂教学观

叶老在1977年作了《为了达到不需要教》一文，文中说："我想，教任何功课，最终目的都在于达到不需要教。假如学生进入这一境界，能够自己去探索，自己去辨析，自己去历练，从而获得正确的知识和熟练的能力，岂不是就不需要教了吗？而学生要学要练，就为要进入这样的境界。"

"教是为了达到不需要教"，于是成为叶老"为人生教育"的重要理念之一。

这一理念是针对课堂教学存在的流弊而提出来的。早在1919年，叶老在《今日中国的小学教育》一文中，对老师把学生当成一件机械、机械的动作练习、增加授课钟点的做法大加批挞，并指出一些老师在课堂上的做法是："教授学科，他们预先编定教案，自己怎样问，学生应当怎样答，逐句话逐个动作，一一配定了各占若干时间；到了上课的时候，只把自己问的和学生答的照所列的表表演完毕，没有不合预先设计的，连时间也没有差错，这便是这班教师的无上教授法。"可见，叶老对这种只有预设没有现场生成的"满堂灌"的课堂是极为反感的。这样的课堂毫无疑问是老师在霸占着讲台，学生只有被动听的份。时隔六十年的1979年，叶老在《当前教育工作的几个问题》中再次对老师霸占课堂表示不满："现在上课，还是那个老习惯，老师讲，学生听，好像老师是演员，学生是观众。这是不行的。"接下来，叶老进

一步说:"老师不能光灌输,要多启发,多引导。学习是学生自己的事,不调动他们的积极性,不让他们自己学,是无论如何学不好的。……如果学生不会自己动脑筋,不会自己求知识,学本领,事事都得依仗老师,这样的人培养出来有什么用呢?"

这种被动显然是不利于学生成长的。1941年,叶老在《如果我当教师》一文中提到:"被动的事情做得太久了,便不免有受刑罚似的感觉。在听得厌倦了而还是不能不听的时候,最自然的倾向是外貌表示在那里听,而心里并不在听;这当儿也许游心外骛,一心以为有鸿鹄将至,也许什么都不想,像老僧入了禅定。教学生一味听讲,实际上无异于要他们游心外骛或者什么都不想,无异于摧残他们的心思活动的机能,岂不是残酷?""残酷"一词不是危言耸听,确实是事实。不知我们的老师认真地计算过没有:学生的精神流失率究竟有多少?一堂课下来学生究竟收获了多少?美国的约瑟夫·特雷纳曼通过课堂教学测试告诉我们的答案是:老师讲解40分钟,学生则只能记住20%。美国缅因州国家实验室一项关于"学习金字塔理论"的研究结果告诉我们的答案是:教师讲授,学生对所教内容两周以后记住的平均率为5%。曾在网上也看过很多课堂教学的类似图片:老师在台上口若悬河,而讲台下却是睡倒一片。这真是很恐怖的事。

如何改变这"满堂灌"的低效甚至是无效的课堂教学?叶老在他的很多文章中提出了解决的办法。1980年他在《讲和教》(《晴窗笔记》之四)中说:"学生自己想得通的,说得清楚的,自然不必教。想不通了,说不清楚,就是碰了壁了,其时学生心头的苦闷多么厉害,要求解决的欲望多么迫切,可想而知。在这种情况下受老师的教,真好比久旱逢甘雨,庄稼就会蓬蓬勃勃地滋长。"学生学习的主观能动性一旦被激活,那潜力是巨大的:"将会达到这样一个境界:在事事物物中,随时随地能够发现问题并且解决问题。"叶老认为"这样的人才是任何工作任何行业最为需要的"。他"恳切期望老师们向这方面努力"。而我们现在的很多老师,是很不放心学生的,恨不得一加一等于几也得在黑板上演示一番告诉学生。又比如,语文课上,在讲解作者生平及历史背景时,注解中和下发的资料中明明写得是很明白的,我们的老师也非重复一番不可,生怕不这样,学生就不会去看,教学就少了一个环节似的。如此，学生最基本的一点主观能动性被抹杀了。

1983年，叶老在《读书和受教育》一文中，提出了"自我教育"的观点，也就是"自学"。叶老认为"一辈子坚持自学的人也就是一辈子自强不息的人"。而作为老师，我们就是要引导学生知变、求变、善变，有所改革、有所创新，就是要引导学生进行自学。他说："教师特别致力于引导学生善于自学，绝不是越出了教师的职责，绝不致贬低了教师的尊严。正相反，我以为唯有能这样做的教师才够得上称为名副其实的教育家。"同年，叶老在《教育杂谈——在民进外地来京参观教师茶话会上的讲话》中再次谈到自学的话题："世界上的事情是学不完的，无论是谁，都要学习一辈子。咱们当教师的要引导他们，使他们能够自己学，自己学一辈子，一直学到老。""达到不需要教，就是要教给学生自己学习的本领，让他们自己学习一辈子。""假如在校时候常被引导向自学方面前进，学生有福了，他们一辈子得到无限好的受用。"今天的课改特别提到了一个关键词，即"自主"，也就是强调自主学习。令人欣慰的是，目前很多学校，已经让"自主"落地，融进了课堂教学的整个环节当中。

基于此，叶老在《教育杂谈——在民进外地来京参观教师茶话会上的讲话》中提出了对老师课堂教学评价的方法："参观老师教课，要看老师是不是善于启发学生，引导学生，要看效果如何，学生是不是真有所得：所以不能光看老师唱独角戏。听到有人说，听某老师讲课简直是最高的艺术享受。我不大赞同这个说法，欣赏艺术要到剧院去，到音乐会去。参观学校最要紧的是看学生，而不是光看老师讲课。学生怎样生活，甚至怎样游戏，都应该是参观的内容。"如何评价老师的课堂教学？叶老的这段话告诉我们，要看重学生的表现。如果学生在课堂上表现出快乐的神情，精神没有流失，体验到成功的幸福，我想，这样的课一定是好课，这样的老师也一定是位好老师。这也就是新课改的核心：以生为本。

"教是为了达到不需要教"，有人认为叶老此语太过理想主义，认为是不可能实现的事。今天，很多课改学校用事实告诉我们，此语不仅可以实现，而且已经实现。目前，我们的课改正向深水区迈进，叶老的课堂教学理念无疑是具有重大的指导意义的。

二、关于素质教育观

"原来'教育'这个词儿，如果解释得繁复，几本书未必说得完；简单的解释，一句话就可以说尽，就是'养成好习惯'。""养成习惯，换个说法，就是教育。""教育就是养成良好的习惯"，有人将此概括为叶老的"素质教育观"，我深表赞成。素质教育就是要从学生养成良好的习惯抓起，没有良好的习惯，谈何素质？

叶老在诸多文章中，对"习惯"作了多方面的阐述。

叶老认为"能使个性充分发展的是好习惯，能把事情做得妥善的是好习惯，能使公众得到福利的是好习惯，大概也不过如此而已"。

叶老还对习惯与能力之间的关系作了分析："无论哪一种能力，要达到了习惯成自然的地步，才算是我们有了那种能力。不达到习惯成自然的地步，勉勉强强的做一做，那就算不得我们有了那种能力。如果连勉勉强强做一做也不干，当然更说不上我们有了那种能力了。""习惯养成得越多，那个人的能力越强。我们做人做事，需要种种的能力，所以最要紧的是养成种种的习惯。"在这里，叶老明白地告诉我们，好习惯是能力的基础，养成好习惯就是为了增强能力。

那么，如何养成好习惯呢？

一是好习惯要落实到切实的行动上，从小事、细节抓起。

"无论怎样有价值的知识，如果只挂在口头说说，而不能彻底消化，举一反三，那是语言的游戏；都必须化为习惯，才可以一辈子受用。"叶老强调习惯是必须得化为行动的，而且应当从小事做起，哪怕是关门、开门这样细节的小事："养成小朋友的好习惯，我将从最细微最切近的事物入手；但硬是要养成，决不马虎了事。"

二是要有理想，通过"自我教育"养成好习惯。

"所谓'自我教育'，就是不去依傍他人的力量，自己来养成这些好习惯。青年们如果怀着理想的话，如果热切期望实现理想的话，那么急于养成好习惯的愿望就会像火一般的燃烧起来。"

三是有两种习惯不能养成："一种是不养成什么习惯的习惯，又一种是妨害他人的习惯。"叶老认为:"凡是为非作歹的人,他们为非作歹的原因固然有很多,也可以用一句话来包括,他们的病根在养成了妨害他人的习惯。"

教育的目的究竟是什么?什么才是真正的素质教育?我想,大道理谁都会说,但如何让大道理落地却很少有人真正地关注过,或者说,在关注,但却被升学分数的压力压得失去了落实素质教育的激情。其实,养成学生良好的习惯与分数不矛盾。试想,学生的学习习惯养成了,生活习惯养成了,日常行为习惯养成了,好的分数还会远吗?

培养学生良好的习惯,不仅是对学生负责,更是对整个社会和人类的发展负责。

让我们好好地感悟叶老"教育就是养成良好的习惯"这一素质教育的观点,从小事入手、从细节入手,切实地行动起来,并且坚持不懈地摒弃不良习惯,把良好的习惯保持下去,教育就有了希望。

三、关于教师观

叶老的《如果我当教师》一文写于1941年,时隔七十多年,今天读来仍是振聋发聩、引人思考。

叶老此文从"我如果当小学老师""我如果当中学老师""我如果当大学老师"三个方面对如何当老师阐述了自己的观点,从中我们不难领悟叶老"为人生"的教育本质观,也就是"学校教育应当使受教育者一辈子受用"。

1. 小学老师怎么做?

叶老认为要与小学生成为朋友,而不应该把他们称为讨厌的小家伙和惹人心烦的小魔王。他说要"出于衷诚,真心认他们作朋友"。是的,老师和学生之间应该就是朋友之间的关系,因为只有朋友间,才有可能无话不说。朋友之间的关系,是最有利于沟通和交流的。现在我们很多老师与学生之间之所以存在着"代沟",其实就是没有把学生当成朋友的缘故。

叶老认为,做一个小学老师要"养成小朋友的好习惯",而要做到这一点,就要"从最细微最切近的事物入手",哪怕是关门、开门这样的小小的细节。他说:"对于开门关窗那样细微的事,尚且不愿意扰动人家的心思,还肯作奸犯科,干那些扰动社会安宁的事吗?"对于这样的小小细节,我们的小学老师有多少人在关注呢？好的习惯还反映在教小朋友识字读书上，要"养成他们语言的好习惯"。叶老说："教识字教读书只是手段，养成他们语言的好习惯，也就是思想的好习惯，才是终极的目的。"

对于顽皮的小孩子，叶老是不主张"体罚"的，因为"这一下不只是打了他们的身体，同时也打了他们的自尊心；身体上的痛或红肿，固然不久就会消失，而自尊心所受到的损伤，却是永远不会磨灭的"。我们身边的后进生是怎么产生的？我想，这与父母对孩子的打骂、老师对孩子的打骂是分不开的。打骂伤了孩子的自尊，孩子也就一日日地不当回事了，也就"后进"了。面对调皮的孩子，我们更需要心平气和。

叶老还谈到，小学老师还要"作小朋友家属的朋友，对他们的亲切和忠诚和对小朋友一般无二"。他说："做家属的亲切忠诚的朋友，我想并不难；拿出真心来，从行为、语言、态度上表现我要小朋友好，也就是要他们的子女弟妹好。谁不爱自己的子女弟妹，谁还肯故意与我不一致？"如何与家长处好关系？一句话，就是要与家长成为朋友。

2. 中学老师怎么做？

叶先生从以下几个方面作了阐述。

一是"决不将我的行业叫做'教书'，犹如我决不将学生入学校的事情叫做'读书'一个样"。叶老认为，说成"教书"，把当教师的意义抹杀了；说成"读书"，就把古人今人的经验消化成自身的经验抹杀了。怎么做？就是"帮助学生得到做人做事的经验"。

二是"我不想把忠孝仁爱等等抽象德目向学生的头脑里死灌"。"为了使学生存心和表现切合着某种德目，而且切合得纯任自然，毫不勉强，我的办法是在一件一件事情上，使学生养成好习惯"，也就是从小事做起。叶老还特别强调教师要以身作则，要求学生怎么做，教师首先要做到："我认为自己是与学生同样的人，我所过的是与学生同样的生活，凡希望学生去实践的，我自己一定实践；凡劝诫学生不要去做的，我自己一定不做。"德育不是简单的写在纸上、贴在墙上、挂在嘴上的口号，而体现在身边的每一件小事上、每一个细节中；德育也不是只强求学生去做，而教师可以违背，德育必须有教师的榜样作用才行。

三是"我不想教学生做有名无实的事情"。做事情，必须名副其实，设立的自治组织、图书馆、种植园等一定要有名有实，不然就不足以养成学生的好习惯。放眼我们的旁边，有多少花架子的事情——有了开头，却再也见不到下文的书写了。

四是"我不会忘记各种功课有个总目标，那就是'教育'——造成健全的公民"。"知识与技能、过程与方法、情感态度与价值观"的三维目标已经提了很久，但在我们的课堂上有多少老师在真正践行"情感态度与价值观"？为了考试，我们大多数老师看重的或者说剩下的就是求得一个高分数的解题的"方法"和"技能"了。

五是"我无论担任哪一门功课，决不专做讲解工作"。叶先生反对"满堂灌"，好的做法是："只是待他们自己尝试之后，领导他们共同讨论：他们如有错误，给他们纠正；他们如有遗漏，给他们补充；他们不能分析或综合，替他们分析和综合。"否则，课堂教学的效果就会不好，因为"被动的事情做得太久了，便不免有受刑罚似的感觉"。叶老说："我不怕多费学生的心力，我要他们试读，试讲，试作探讨，试作实习，做许多的工作，比仅仅听讲多得多，我要教他们处于主动的地位。……我只给他们纠正，给他们补充，替他们分析和综合。"自主、合作、探究应该成为课堂流程的必须，可是至今仍有老师持怀疑态度，认为离开了老师的讲，学生就会无所适从。其实，只要我们思考一个问题就足矣：作为老师，你会随着学生一辈子吗？我们总得要学生自主去学习的，总得要学生自主地与他人合作的，总得要学生在遇到问题的时候自主去探索解决的。老师们，课堂上还是少讲一点为好。懂得放手，相信学生，这是一件多么功德无量的事。

3. 大学老师怎么做？

叶老还是强调"不将我的行业叫做'教书'"，要"帮助学生为学"，也就是重在引导。要倾其所有，向学生传授知识，决不留一手。不用禁遏的方法，阻止学生的思想和阅读："学生在研究之中锻炼他们的辨别力和判断力，从而得到结论，凡真是要不得的，他们必将会直指为要不得。这就不禁遏而自禁遏了；其效果比一味禁遏来得切实。"叶老主张"我要做学生的朋友，我要学生做我的朋友"，与学生"称心而谈，绝无矜饰"。教学中，要不忘教育的总目标，要以身作则，获得学生的敬重。

　　叶老在这篇文章的开头说："我现在不当教师。如果我当教师的话，在'教师节'的今日，我想把以下的话告诉自己，策励自己，这无非'以后种种譬如今日生'的意思。"叶老关于中小学、大学教师的种种论述，不只是在策励他自己，更是在策励今天仍在教育战线上前行的我们以及后来人。

（湖南省郴州市菁华园学校　熊振鸿）

5. 做学生良好习惯的引路人

什么是教育？简单一句话，就是要养成良好的习惯。

——叶圣陶

（摘自《叶圣陶语文教育论集》，教育科学出版社，1980年）

叶圣陶说："教师工作的最终目的，无非是培养学生具有各种良好的习惯"。我首先想到的是如何培养学生良好的学习习惯。良好的学习习惯是一个学生未来成功的基础和保障。学习习惯无所不包，我认为兴趣和自信是最重要的学习习惯，是每个学生所必备的先决习惯。

诸多事实表明，兴趣在学生的学习过程中有着不可忽视的作用。激发起学生的兴趣，学生学习就会积极主动，且学得轻松而有成效。但是学习兴趣不是天生的，主要在于教师如何引导学生，充分调动学生对学习的积极性和主动性，进而能创造性地学，最终达到优化课堂教学和提高教学效率的目的。课程改革的今天，应多方面激发学生学习的兴趣，挖掘学生兴趣的潜在因素，做到课前准备充分，多方面挖掘课堂教学的材料，一上课就紧紧地抓住学生的注意力，激起学生的兴趣，使他们很快进入"最佳学习状态"。学生的学习兴趣越浓，自学的积极性就越高。激发兴趣就是要把学生已经形成的潜在学习积极性充分调动起来。

要使学生形成良好的学习习惯，光靠教师的"管"是行不通的，关键是激发学生的内部诱因，也就是激发学生的学习兴趣。一旦有了学习兴趣，学生的学习态度就会从"要我学"变为"我要学"，从而发生质的转变，学生也就顺理成章地成为学习的主人，就会有自觉学习的欲望，就会全身心积极主动地去学习。这是培养好习惯的最好时机。比如，故事具有亲和力，它能拉近学生与历史的距离，有时一两个故事的讲解对于学生理解课文内容具有画龙点睛的作用。教师在教学中若能及时穿插有关历史小故事的讲解，必能大大增强课堂的吸引力，使学生充满兴趣。

课堂上，教师教学的内容和气氛是不断变化的，为达到教学目的，教师须灵活采用各种教法，因势利导，因材施教，点面结合，善于调动学生的积极性。教师要使课堂保持吸引力，就要使出层出不穷的招数，想尽办法让学生参与教学。针对不同的教学内容和学生反应，我们可以采用各种教法教学历史。教师在熟悉教材的基础上要善于创新，使教学永远保持新鲜和活力。教师只要精心设计、巧妙安排，就一定能在教学中充分激发学生学习历史的兴趣，使他们的学习化繁为简、变被动为主动，从而在充满兴趣的教学中，既接受爱国主义教育，又增长知识，真正达到学史明志、知史做人的目的。

教学过程中，教师要从学生们的言行举止、神情衣着的细微变化中敏锐地洞察他们的内心世界，阅读他们的内心话语，并用语言、神态、动作等手段去暗示他们、启迪他们、关爱他们。如对上课不专心的学生加以婉言规劝，看到学生自己购买了课外书对其加以肯定和赞赏等，学生往往能在教师的关注中找到自信。

信心是进取心的支柱，自信心对孩子的健康成长和各种能力的发展，都有十分重要的意义。重视与保护孩子的自尊，有助于提高孩子的自信心，因为有高度自尊心的孩子，对自己所从事的活动充满信心，而缺乏自尊心的孩子，不愿参加集体活动，认为没人爱他，缺乏自信。平时多创设培养孩子自信心的环境，让孩子在潜移默化中自信起来。多对孩子说一些鼓励的话，如"你一定能行，你肯定能做得不错"。因为孩子的自我评价往往依赖于成人的评价，成人以肯定与坚信的态度对待孩子，孩子就会在幼小的心灵中意识到"别人能做到的，我也能做到"。特别是那些"学困生"，有智力发展的先天不足，有家庭关爱的营养不良，有学校教育的知识断层，作为教师，我们有必要对其进行调查研究，摸清情况，勤表扬，多鼓励。表扬使学生产生自信，鼓励使学生战胜胆怯。记住，好学生是夸出来的。

多一份兴趣，就多一份收获；多一份自信，人生中就多一次成功的机会；多一个好习惯，我们的生命里就多一种享受美好生活的能力。作为教育者,我们要努力培养学生良好的学习习惯,在学生成长的旅途上助他们一臂之力。

"吾尝终日而思矣,不如须臾之所学也"。让我们再次聆听教育家叶圣陶的这句话:"什么是教育?简单一句话,就是要养成良好的习惯。"

(山东省沂源县实验中学　张纪凤)

6. 《一粒种子》的启示：童话中的教育哲思

> 他照常工作，该耕就耕，该锄就锄，该浇就浇——自然，种那粒种子的地方也一样，耕，锄，浇，样样都做到了。
>
> ——叶圣陶
>
> （摘自《叶圣陶教育文集》，人民教育出版社，1994年）

叶圣陶先生是大教育家，也是大文学家。他对语文教育教学的论述，因为精辟而成为教师心中的经典。但我认为，其实在他的一些童话作品中，同样包含着深邃的教育哲理。像浅近有趣的《一粒种子》，可以说既体现了叶老教育思想的精髓，又是别出心裁的艺术化叙述。

一、儿童就是一颗特别的种子

儿童是种子，本身就有生命的存在和生长的可能。要相信每一个儿童的潜质，他们都可以获得发展，从而成为最好的自己。老师没有这种信仰，就可能失去教育中的儿童立场，一味地想去改变他们。如果这种改变没有按照自己的想象发生，就认为："这是死的种子，又臭又难看，我要它干么！"即使一些有缺陷的孩子，他们成长的可能依然存在，只不过我们不能够急躁，且要从儿童的角度去看发展，而不是用自己的尺子做孩子进步的标杆。任何揠苗助长式的教育，只能是对孩子生命的摧残。

儿童是种子，适宜的培养方式才能够顺应生长的需要。我们的教育，应该体现对生命的尊重，更应该体现对生命成长的顺应。没有这种尊重和顺应，我们的教育就不可能是生态的。要研究儿童成长需求，然后在适当的时机给予适宜的培养，"他照常工作，该耕就耕，该锄就锄，该浇就浇——自然，种那粒种子的地方也一样,耕、锄、浇,样样都做到了。"自然、简单、亲和,这是教育的本色,也是教育的真谛。

二、功利之土种不出儿童之花

儿童之花,不需要过度的"爱"。现在的孩子,大多不缺少爱,反而承载了太多的期望——希望孩子实现自己未竟的志愿,希望孩子改变家族的命运……这些良好的愿望之下,堆砌了对孩子过度的开发和过多的培养。为了让孩子成龙成凤,为了让孩子不输在起跑线上,我们让孩子入名校,进各种兴趣班。可是,我们有没有问问孩子是否有"兴趣"?有没有想一想孩子最需要的是什么?如果因为才艺而丢失了快乐的能力,因为高分而缺失了童年的趣味,这样的损失是终身难以弥补的。

儿童之花,需要适度的"散养"。看看国外的教育,我们真为中国孩子感到可怜。外国学生在童年要做的三十件事是什么?爬树、在烂泥里打滚、向着大山高声喊……而中国的孩子呢,要么是不停地补习,要么是玩电脑游戏。这样的"圈养",只会让孩子越来越软弱,越来越失去生命的韧劲和活性。我们应该让孩子走向自然,受一点风雨的洗礼;让孩子走向社会,和不相识的人聊几句又有何妨?只有去感受大千世界跳动的脉搏,孩子才能够真正接纳厚实的"地气"。

三、教育者要有农夫的情怀

教育像农业,阳光雨露禾苗壮。教育不能够进行标准化生产,因为每个孩子都是不一样的,绝不能用一张试卷,把孩子分成三六九等。有的老师曾经叹息:不看成绩,每个孩子都是可爱的。其实这句话说明,这个老师还是太看重成绩了。我们要看重的,应该是孩子的成长、孩子的未来。如果我们只重视学生的智力培养,而其情商、意商、胆商都没有得到发展,就像庄稼即使结了穗,却因为缺钾而在风中倒伏,最后还是歉收一样,是完全得不偿失的。

教师像农夫,平和微笑守课堂。农夫懂得节气的更替对作物的影响,懂得何时播种最有利,如何施肥最有效。他还要看土壤,知道什么样的田地适合种什么庄稼。总之,他懂得利用环境的因素去促进植物生长。最重要的是,农夫懂得等待。他知道庄稼的生长是一个过程,这个过程是不可能人为缩短的,否则会影响粮食的品质。他平和的微笑,是课堂最需要的,也是学生最需要的。让我们像农夫一样,春天不做秋天的梦,让教育变得更朴实、更生态,让孩子这颗种子惬意地生长、自由地拔节、快乐地结果。

(江苏省苏州工业园区胜浦实验小学 龚永兴)

教与学

1. 叶圣陶对课堂教学最有影响的 13 个观点

  就教学而言，精读是主体，略读只是补充；但是就效果而言，精读是准备，略读才是应用。

——叶圣陶

（摘自《叶圣陶语文教育论集》，教育科学出版社，1980 年）

一、关于美读

  所谓美读，就是把作者的情感在读的时候传达出来，这无非如孟子所说的"以意逆志"，设身处地，激昂处还他个激昂，委婉处还他个委婉，诸如此类。美读的方法，所读的若是白话文，就如戏剧赏读台词那个样子。所读的若是文言，就用各地读文言的传统读法，务期尽情发挥作者当时的情感。美读得其法，不但了解作者说些什么，而且与作者的心灵相感通了，无论兴味方面或受用方面都有莫大的收获。

（摘自《叶圣陶语文教育论集》，教育科学出版社，1980 年）

二、关于语文基本功

  学语文的基本功是什么？大体上说有以下几方面：第一，识字写字。一个字往往有几个意义，几种用法，要知道得多些，个个字掌握得恰当，识字方面还得下工夫。第二，用字用词。用词要用得正确、贴切，就要比较一些词的细微的区别。第三，辨析句子。句子是由许多词组成的，许多词当中有主要的部分和附加的部分，读句子，写句子，要分清主要部分和附加部分，还要辨明附加部分跟主要部分是什么关系。读一个句子，写一句话，要能马上抓住主要的部分，能弄清楚其他的部分跟主要的部分的关系，这就是基本功。读文章，写文章，最好不要光用眼睛看，光凭手写，还要用嘴念。读人家的东西，念出来，比光看容易吸收。有感情的文章，念几遍就更容易领会。自己写了东西也要念，遇到念来不顺的地方，就是要修改的地方。好的文章要多读，读到能背。一边想，一边读，有好处。这好处就是自己脑子里的想法好像跟作者的想法合在一起了，自己的想法和语言运用就从而提高不少。长的文章可以挑选出精彩的段落来多读，读到能背。读的时候不要勉强做作，要读得自然流畅。第四，文章结构。看整篇文章，要看明白作者的思路。思想是有一条路的，一句一句，一段一段，都是有路的，好文章的作者绝不乱走。看一篇文章，要看它怎样开头，怎样写下去，跟着它走，并且要理解它为什么这样走。总起来一句话，许多基本功都要从多读多写来练。

（摘自《叶圣陶语文教育论集》，教育科学出版社，1980年）

三、关于学语文的目的

经过学习，读书比以前读得透彻，写文章比以前写得通顺，从而有利于自己所从事的工作，这才算达到学习语文的目的。进一步说，学习语文还可以养成思维精密的习惯，理解人家的意思务求理解得透彻，表达自己的意思务必表达得准确；还有培养品德的好处，如培养严肃认真、一丝不苟的态度等。这样看来，学习语文的意义更大了，对于从事工作和培养品德都有好处。

（摘自《叶圣陶语文教育论集》，教育科学出版社，1980年）

四、关于课堂讨论

上课时候令学生讨论，由教师作主席、评判人与订正人，这是很通行的办法。但是讨论要进行得有意义，第一要学生在预习的时候准备得充分，如果准备不充分，往往会与虚应故事的集会一样，或是等了好久没有一个人开口，或是有人开口了只说一些不关痛痒的话。教师在无可奈何的情形之下，只得不再要学生发表什么，只得自己一个人滔滔汩汩地讲下去。这就完全不合讨论的宗旨了。第二还得在平时养成学生讨论问题，发表意见的习惯。听取人家的话，评判人家的话，用不多不少的话表白自己的意见，用平心静气的态度比勘自己的与人家的意见，这些都要历练的。如果没有历练，虽然胸中仿佛有一点准备，临到讨论是不一定敢于发表的。这种习惯的养成不仅是国文教师的事情，所有教师都得负责。不然，学生成为只能听讲的被动人物，任何功课的进步至少要减少一半——学生事前既有充分的准备，平时又有讨论的习惯，临到讨论才会人人发表意见，不至于老是某几个人开口。所发表的意见又都切合着问题，不至于胡扯乱说，全不着拍。这样的讨论，在实际的国文教室里似乎还不易见到；然而要做到名副其实的讨论，却非这样，不可重术轻人。

（摘自《叶圣陶语文教育论集》，教育科学出版社，1980年）

五、关于习惯

从国文科，咱们将得到什么知识，养成什么习惯呢？简括地说，只有两项，一项是阅读，又一项是写作。要从国文科得到阅读和写作的知识，养成阅读和写作的习惯。阅读是"吸收"的事情，从阅读咱们可以领受人家的经验，接触人家的心情；写作是"发表"的事情，从写作，咱们可以显示自己的经验，吐露自己的心情。在人群中间，经验的授受和心情的交通是最切要的，所以阅读和写作两项也最切要。这两项的知识和习惯，他种学科是不负授与和训练的责任的，这是国文科的专责。每一个学习国文的人应该认清楚：得到阅读和写作的知识，从而养成阅读和写作的习惯，就是学习国文的目标。

（摘自《叶圣陶语文教育论集》，教育科学出版社，1980年）

六、关于吟诵

从前书塾里读书，学生为了要早一点到教师跟前去背诵，往往把字句勉强记住。这样强记的办法是要不得的，不久连字句都忘记了，还哪里说得上体会？令学生吟诵，要使他们看作一种享受而不看作一种负担。一遍比一遍读来入调，一遍比一遍体会亲切，并不希望早一点能够背诵，而自然达到纯熟的境界。抱着这样享受的态度是吟诵最易得益的途径。

（摘自《叶圣陶语文教育论集》，教育科学出版社，1980年）

七、关于略读

略读不再需要教师的详细指导，并不等于说不需要教师的指导。各种学科的教学都一样，无非教师帮着学生学习的一串过程。略读是国文课程标准里面规定的正项工作，哪有不需要教师指导之理？不过略读指导与精读指导不同。精读指导必须纤屑不遗，发挥净尽；略读指导却需提纲挈领，期其自得。何以需提纲挈领？惟恐学生对于当前的书籍文章摸不到门径，辨不清路向，马马虎虎读下去，结果所得很少。何以不必纤屑不遗？因为这一套功夫在精读方面已经训练过了，照理说，该能应用于任何时候的阅读；现在让学生在略读时候应用，正是练习的好机会。学生从精读而略读，譬如孩子学走路，起初由大人扶着牵着，渐渐的大人把手放了，只在旁边遮拦着，替他规定路向，防他偶或跌跤。大人在旁边遮拦着，正与扶着牵着一样的需要当心；其目的惟在孩子步履纯熟，能够自由走路。精读的时候，教师给学生纤屑不遗的指导，略读的时候，给学生提纲挈领的指导，其目的惟在学生习惯养成，能够自由阅读。

（摘自《叶圣陶语文教育论集》，教育科学出版社，1980年）

八、关于精读

有了课本或选文，然后养成、培植、训练的工作得以着手。课本里所收的，选文中入选的，都是单篇短什，没有长篇巨著。这并不是说学生读了一些单篇短什就足够了。只因单篇短什分量不多，要做细磨细琢的研读功夫，正宜从此入手，一篇读毕，又读一篇，涉及的方面既不嫌偏颇，阅读的兴趣也不致单调；所以取作"精读"的教材。学生从精读方面得到种种经验，应用这些经验，自己去读长篇巨著以及其他的单篇短什，不再需要教师的详细指导，这就是"略读"。就教学而言，精读是主体，略读只是补充；但是就效果而言，精读是准备，略读才是应用。学生在校的时候，为了需要与兴趣，需在课本或选文以外阅读旁的书籍文章；但他日出校之后，为了需要与兴趣，一辈子须阅读各种书籍文章；这种阅读都是所谓的应用。使学生在这方面打定根基，养成习惯，全在国文课的略读。如果只注重于精读，而忽略了略读，功夫便只做到一半。其弊害是想象得到的，学生遇到需要阅读的书籍文章，也许会因没有教师在旁作精读那样的详细指导，而致无所措手。现在一般学校，忽略了略读的似乎不少，这是必须改正的。

总之，阅读以了解所读的文篇书籍为起码标准。所谓了解就是明白作者的意思情感，不误会，不缺漏，作者表达些什么，就完全领会他那什么。必须做到这一步，才可以进一步加以批评，说他说得对不对，合情理不合情理，值不值得同情或接受。

（摘自《叶圣陶语文教育论集》，教育科学出版社，1980年）

九、关于作文训练

学生为什么要练习作文呢？一方面为要练习语言文字的运用，另一方面也为生活上有记载知闻与表白情意的必要，时时练习，时时把知闻记载下来，情意表白出来，这才成了习惯，才可以终身受用。根据这一层，作文题最好适合学生的经验与思想，让他们拿出自己的东西来，不宜使他们高攀，作一些非中学生能够下手的题目。至于认为练习作文在应付将来的入学考试，可以说完全没有明了练习作文的本旨。现在高中与大学的入学考试，国文题目往往有不很适合投考学生的经验与思想的，是事实。然而这是高中与大学方面的不对，他们应当改善。为了他们的不对，却花费了初中高中练习作文的全部工夫去迁就他们，这成什么话呢？

（摘自《叶圣陶语文教育论集》，教育科学出版社，1980年）

十、关于阅读方法

所谓方法，指什么的呢？先就阅读说，"不求甚解"不是方法，反过来，"求甚解"便是方法。要做到"求甚解"，第一步，自然从逐词逐句的了解入手。仅仅翻了字典，知道这一词这一句什么意思，还不能算彻底了解，必须更进一步,知道这一词这一句在某种场合才可以用,那才是尤其到家的方法。

总之,对于一个词儿,一种句式,一句习语或成语,第一须明白它的意义,第二须取许多例子,同样的与近似而实际不同的,相互比勘,来看出它的用法。用这样的方法得来的,才是彻底了解。语言文字的学习好比积钱,辛辛苦苦工作,积一个是一个。积钱还可以用不正当的手段,或是投机,或是舞弊,突然之间到手十万八万。语言文字的学习可不然,除了辛苦工作,日积月累以外,没有简便的方法。

文字各式各样,阅读方法自也不能一律。多读些文字,练习到的方法就多些。若在学校国文课里,这些方法便是共同讨论的主要材料,或由教师指导,学生再来深求,或由学生提出,教师加以纠正或补充。若是独立自学,这些方法也得充量发见,充量应用。在练习的时候,使用方法去对付文字,意念中有方法存在。到后来纯熟了,遇见文字自然能用最精到的眼光去看它,意念中不再存什么方法不方法,那便终身受用不尽了。

(摘自《重读叶圣陶·走进新课标:教是为了不需要教》,湖北教育出版社,2004年)

十一、关于培养语感

不了解一个字一个词的意义和情味,单靠翻查字典词典是不够的。必须在日常生活中随时留意,得到真实的经验,对于语言文字才会有正确丰富的了解力,换句话说,对于语言文字才会有灵敏的感觉。这种感觉通常叫做"语感"。

夏丏尊先生在一篇文章里讲到语感,有下面的一节:

在语感敏锐的人的心里,"赤"不但解作红色,"夜"不但解作昼的反对吧。"田园"不但解作种菜的地方,"春雨"不但解作春天的雨吧。见了"新绿"二字,就会感到希望、自然的化工、少年的气概等等说不尽的旨趣,见了"落叶"二字,就会感到无常、寂寥等等说不尽的意味吧。真的生活在此,真的文学也在此。

如果单靠翻查字典,就得不到什么深切的语感。唯有从生活方面去体验,把生活所得的一点一点积聚起来,积聚得越多,了解就越深切。直到自己的语感和作者不相上下，那时候去鉴赏作品，就真能够接近作者的旨趣了。

一个人即使不预备鉴赏文艺，也得训练语感，因为这于治事接物都有用处。为了鉴赏文艺，训练语感更是基本的准备。有了这种准备，才可以通过文字的桥梁，和作者的心情相契合。

要鉴赏文艺，必须驱使我们的想象。这意思就是：文艺作品往往不是倾筐倒箧地说的，说出来的只是一部分罢了，还有一部分所谓言外之意，弦外之音，没有说出来，必须驱使我们的想象，才能够领会它。

（摘自《叶圣陶语文教育论集》，教育科学出版社，1980年）

十二、关于预习

要加强预习，预习是自求了解的重要步骤。课内多采用讨论会的方式，教师也是一个会员，至多处于主席的地位。

（《叶圣陶语文教育论集》，教育科学出版社，1980年）

"预习"的事项无非翻查、分析、综合、体会、审度之类……上课的活动，教学上的用语称为"讨论"，预习得对不对，充分不充分，由学生与学生讨论，学生与教师讨论，求得解决。应当讨论的都讨论到，须待解决的都得到解决，就没有别的事了。这当儿，教师犹如集会中的主席，排列讨论程序的是他，归纳讨论结果的是他，不过他比主席还多负一点责任，学生预习如有错误，他得纠正，如有缺漏，他得补充，如有完全没有注意到的地方，他得指示出来，加以阐发。教师的责任不在把一篇篇的文章装进学生脑子里去；因为教师不能一辈子跟着学生，把学生所要读的书一部部装进学生脑子里去。

（摘自《叶圣陶语文教育论集》，教育科学出版社，1980年）

十三、关于讨论

上课时候令学生讨论，由教师做主席、评判人与订正人，这是很通行的办法。但讨论要进行得有意义，第一要学生在预习的时候准备得充分，如果准备不充分，往往会与虚应故事的机会一样，或是等了好久没有一个人开口，或是有人开口了只说一些不关痛痒的话。教师在无可奈何的情形之下，只得不再要学生发表什么，只得自己一个人滔滔汩汩地讲下去。这就完全不不合讨论的宗旨了。第二还得在平时养成学生讨论问题，发表意见的习惯。评判人家的话，用不多不少的话表白自己的意见，用平心静气的态度比勘自己的与人家的意见，这些都要历练的。如果没有历练，虽然胸中仿佛有一点准备，临到讨论时不一定敢于发表的。这种习惯的养成不仅是国文教师的事情，所有教师都得负责。不然，学生成为只能听讲的被动人物，任何功课的进步至少要减少一半。——学生事前既有充分的准备，平时又有讨论的习惯，临到讨论才会人人发表意见，不至于老是某几个人开口。所发表的意见又都切合着问题，不至于胡扯乱说，全不着拍。这样的讨论，在实际的国文教室里似乎还不易见到；然而要做到名副其实的讨论，却非这样不可。

（摘自《叶圣陶语文教育论集》，教育科学出版社，1980 年）

（雷婧涵　整理）

2. 说话训练是语文教学的总枢纽

所谓善于说话，决不是世俗所称口齿伶俐，虚文缴绕的意思。要修养到一言片语都合于论理，都出于至诚，才得称为善于说话。

——叶圣陶

（摘自《叶圣陶教育文集》，人民教育出版社，1994年）

1924年，叶圣陶在《教育杂志》上写了一篇题为"说话训练"的专论，以他十余年从事中小学语文教学的实践经验，透辟地论述了在语文教学中有意识地加强说话训练的必要性和具体要求。这篇专论，洋洋洒洒近万言，应是研究叶圣陶早期语文教学思想的重要资料，可惜最近编辑出版的《叶圣陶语文教育论集》竟没有收入，不免遗憾。

这篇鲜明地标以"说话训练"的长文，还有一个更为鲜明突出的副标题："产生与发表的总枢纽"。这就是说，叶圣陶一开始就把说话训练当作开启学生思想之门、逗引学生发表之欲的一个"总"的"枢纽"，他要求人们抓住这个总枢纽有效地提起语文教学的其他各个环节来。这个观点的提出，在当时无疑是新人耳目、发人深思的。

叶圣陶重视说话训练，同他对语文教学的性质和任务有自己不同于传统观念的新的见解有关。他认为，过去私塾学馆教学生读书作文，目的是为了让他们能熟读孔孟经典、练就八股文章，日后应举赴考，求得一官半职，从此可以荣宗耀祖。而在新式的学校里，学生学习语文的目的主要是为了掌握好语言文字这个工具，学会恰当地说话，恰当地作文，以适应生活和工作的需要。

有人认为，说话能力无须特意训练，只要是中国的儿童，又生活在中国这样的环境里，总会说通中国话，除非是天生语言有缺陷。对此，叶圣陶作了中肯的分析,他说,"儿童不经过特意的训练,但因实际的需要,话是仍旧要说的","可是没有人在旁边给与暗示,加以指导,所以零碎地说了,朴陋地说了,不完整地说了,也就算数。这譬如让他们在黑暗中摸索,可以摸到什么地方是说不定的。而所谓'习惯成自然'却是常遇证明的通则,像这样自然地练下去,往往成为永久只会零碎地说,朴陋地说,不完整地说,而且思想情感也跟着零碎、朴陋、不完整起来",因此,对于说话这件事绝不能只让儿童"随便去摸索",而应该由学校"特意训练"。这里显然包含着一个重要观点,即一个人的说话能力是需要经过特意的训练的,因为说话有文野之分,能力有高下之别。"随便去摸索"多数只能达到"能够说话","特意训练"才有可能达到"善于说话"。叶圣陶给"善于说话"的"善"作了解释:"所谓善于说话,决不是世俗所称口齿伶俐,虚文缴绕的意思。要修养到一言片语都合于论理,都出于至诚,才得称为善于说话。""合于论理,出于至诚"这八字标准,看似平易,实际上却牵涉到一个人各方面的素养。要而言之,得精于思想,富于情感,工于表达。而"要精于思想,应当有种种的经验推断;要富于情感,应当有种种培养陶冶;要工于表达,应当有种种学习准备",这种种经验推断、培养陶冶和学习准备,正是特意训练的全部工作。现代教育之所以必要,完全是由于它使人的能力的培养从自然的、盲目的状态中摆脱出来,而成为人们的一种科学的自觉的行为。

叶圣陶重视说话训练,还同他对思想、语言、文字三者的相互关系有自己精辟的见解有关。他认为,一个不会说话的人主要不是因为心里有意思而嘴上说不出,而是因为他心里的那点意思还处于朦胧状态,或者还很不完整。所以,他说:"不会说话,也就是不大会思想,不大会得到完整的意思。"一个拙口笨舌的人,往往就是一个思想长期处于含混凌乱状态的人。叶圣陶这样自谦地解剖自己说:"思想的进行到了'差不多''大致如此'的地步,就此停止了,不再向前去求一个清楚明画。不把意思弄清楚明画,所以说出来总感不痛快。说出来不痛快,爽性不大高兴多说。不高兴多说,所以不一定要把意思弄得清楚明画。循环无端,互为因果,使我终于成为不会说话又不大会得到完整意思的人。"这段话说得很通俗,但却真切地说出了说话同思想之间互相影响、彼此制约的辩证关系,同时也生动地描述了一般讷于言词的人的共同特征。从这里,叶圣陶确认,在语文教学中加强说话训练,其功绝不仅仅限于说话本身,重要的是能让学生的思想得到锻炼,感情得到陶冶,使他们在训练说话的过程中养成有条有理地想问题的良好习惯。思想得到锻炼、感情得到陶冶,说话也就能"合于论理""出于至诚";话能说好了,诉诸文字也便能写出像样的文章来了。对于成长中的青少年来说,这种训练亟须加强,难道还用得着怀疑吗?

基于上述的观点,叶圣陶对说话训练提出了一系列的具体要求。

首先,他要求在说话训练时能为学生设计一种"境界","迫使学生内面有所产生,合理且丰富地产生"。他说,这是一种"开源"的办法,比一般单纯指定学生说这说那要合理,而且有效。这种"开源"的训练方法,要求在"内面产生"与"向外发表"两个方面着力,正符合"说话训练是产生与发表的总枢纽"这样一个基本观点。

叶圣陶提出这样一种训练方法,无疑是受了当时从国外引进的那种"设计教学法"的影响,但他的"设计",不求形式的新奇和安排的巧妙,只求境界的适宜和氛围的真切,使学生能在这种境界和氛围中自己有所发现,而且能随时把自己的发现跟人交流,因而思想得到磨炼,感情得到熏陶。这种"设计"重在实质,重在努力与生活接近,这就可望取得教学的最佳效果。

近年来,不少同志在慨叹高中学生的不肯开口,有所谓"小学生抢着开口,初中生勉强开口,高中生死不开口"的说法。这可能是事实。但假如我们把惯用的答问式训练改为适合高中学生思想、生活和心理特征的情境设计训练,使他们真正"内面有所产生"而又急切地要向外发表,那么,"高低不开口,神仙难下手"的高中学生也一定会"抢着开口",甚至"一发而不可收拾"。

其次,是要求在说话训练中尽可能发挥教师潜在的浸染作用。叶圣陶认为,一个负有指导责任的教师,他本身就应该是善于说话的。如果不是这样,教师"自己先不明白在内面怎样地产生,向外面怎样地发表",那就根本谈不到"给与儿童以暗示与指导"。他说:"本来先觉与后觉间的关系是这样的:若是出于故意或偶然,就是像煞有介事的示范,效力也很微细的,若是出于自然且恒常,则不论消极方面或积极方面,都有重人的影响。浸染诚是不可抗的势力啊。"在叶圣陶看来,教师一言一行的示范作用,教师自己的说话技能所给予学生的潜在的影响,是比任何教育手段都强有力的。这个观点很值得我们深长思索。

再次,叶圣陶还要求把说话训练这件事看作学校各科共有的项目,而不是语文科独有的项目。他认为,凡有学生说话的机会和场合,教师们都有责任去指导。要使整个学校成为锻炼学生敏于思索、善于说话的熔炉,而教师人人都是冶炼工。叶圣陶认为,把说话训练机械地划定在语文一科之内,在语文科内又机械地划定在一周的某课时之内,是"颇含有滑稽意味"的蠢举。而以往说话训练之所以常常不能取得显著的成效,这恐怕是重要原因之一。

另外,叶圣陶还要求在说话训练中尽量避免那种一言半语的零星答问,而充分发挥"演述"工作的训练功能。他说,"所谓演述,与普通的回讲与答问两样,要有组织、有条理;发于真知真情,而不是盲从了教科书或教师的话机械地讲述一遍",因为"机械地讲述不关于内面,就是时时练习也没有什么效果"。从这段话里可以领悟到,叶圣陶所说的"演述",实际上就是学生用成段成串的语言有条有理地来表达自己某种认识成果的工作,这里强调的是,要发自内面而不是照搬教科书或教师的现成话,要组织得有条有理而不是信口拈来、颠三倒四,要说一段相对完整的话而不是没头没脑的一言半语。叶圣陶对一般的课堂回讲和答问并不很感兴趣,认为这对诱发学生想法的产生和发表都没有什么大效用,要训练说话就得让学生按要求作"五分钟的演述"。因为独立演述又有五分钟的容量,就足以考查学生在内面产生和向外发表两个方面的实际能力。后来他在《怎样写作》一文中又进一步申述了这一观点,他说,要测验一个人的说话能力,"从极简短的像'我正在看书''他吃过饭了'这些单句上是看不出来的。我们不妨试说五分钟连续的话,看这一番话里能够不能够每句都符合自己提出的要求。如果能够了,锻炼就已经收了成效"。测验非如此不能反映出实际的能力,训练也非如此不能收到切实的效果。要求"说五分钟连续的话",实是叶圣陶在说话训练方面丰富实践经验的结晶,不可忽视。

(扬州大学　顾黄初)

3. 预习——练习阅读最主要的阶段

> 学生在预习的阶段，固然不能弄得完全头头是道，可是教他们预习的初意本来不要求弄得完全头头是道，最要紧的还在让他们自己动天君（系叶圣陶家乡苏州方言，即"动脑筋"的意思——编者注）。他们动了天君，得到理解，当讨论的时候，见到自己的理解与讨论结果正相吻合，便有独创成功的快感；或者见到自己的理解与讨论结果不甚相合，就作比量短长的思索；并且预习的时候决不会没有困惑，困惑而没法解决，到讨论的时候就集中了追求解决的注意力。这种快感、思索与注意力，足以鼓励阅读的兴趣，增进阅读的效果，都有很高的价值。
>
> ——叶圣陶
>
> （摘自《叶圣陶教育文集》，人民教育出版社，1994年）

上语文课，要不要让学生预习，这在今天似乎已经不算什么问题。还有人说不需要预习吗？恐怕很少。事实上，也真是大多数教师都在布置学生预习；学生也都知道上新课之前要先预习一下。然而，很遗憾，要是果真按照预习工作最早也最热心的倡导者之一叶圣陶的观点和要求来考查、来衡量，我们中间很多人的做法恐怕只是徒具形式而已，效果总不见佳，那是必然的事。

这里最根本的问题是指导思想问题，也就是对预习工作在整个教学过程中的地位和作用究竟怎么看。

我们现在通常的做法是，一篇课文讲完了，或者一节课结束了，先布置温习性、巩固性的课外作业，然后叮嘱："明天开始讲新课，大家先预习一下。"于是下了课。至于学生课后是不是真的预习了,是怎样预习的,大都不再过问。因为在我们的思想里,总认为课文反正要花时间在课堂上讲读,学生事先读一遍,先熟悉一下,无非是减少一些"拦路虎"而已。这是一种情况。也有些人,预习布置得比较具体,上新课之前对预习情况还严格地作了检查,但他们这样做的目的,大半是为了"节约"课堂教学时间,想"挤"一点东西到课外去,让学生在课外"赶"掉一点理应在课内完成的任务。这样的做法和想法,现在看来,都有重新加以研究的必要。

要想真正从战略高度来认识和对待预习工作,就有必要好好重温一下叶圣陶关于这个问题的论述,领会叶圣陶当年强调这个问题的本意和他的要求。

叶圣陶不把预习看作可有可无的项目,相反,他把预习规定为"练习阅读最主要的阶段"。为什么?因为他确认,语文教学的目的在于培养能力并形成习惯;阅读课的任务就是要培养学生读书的能力和习惯。而能力和习惯的养成,不能靠教师的讲解,必须靠学生自己运用心力。他在批判旧时学塾中的教学方式时曾说:"一篇文章,一本书,学生本身不甚了解的,坐在教室里听教师逐句讲解之后,就大概了解了(听了一回二回讲解,实际上决不会彻底了解,只能说'大概'),这其间需要运用心力的,只有跟着教师的语言来记忆,来理会,此外没有别的。"这样,当然不可能养成什么真正有用的能力和习惯,只能养成一种依赖性,只能对学生的发展起抑制的作用。正确的做法应该是,"学生不甚了解的文章书本,要使他们运用自己的心力,尝试去了解,这才和'养成读书习惯'的目标相应合"。这个让学生"运用自己的心力,尝试去了解"的阶段,就是"预习";它于"养成读书习惯"关系极大,所以应该被列为"练习阅读最主要的阶段"。

从叶圣陶的上述论述中,我们至少可以明白这么一点:预习的意义绝不在于给教师的滔滔讲述扫清道路,提供方便;而仅仅在于要切实养成学生良好的读书习惯。

所谓好的读书习惯,无非是会读和爱读。叶圣陶说:"国文教学明明悬着'养成读书习惯'的目标,这所谓'读书习惯'指自己能够读,自己喜欢读而言……"什么叫"能够读"?那就是自己不需教师指点,就"能够按照读物的性质作适当的处理"。读物中陌生的字词较多,成语典故成堆,自己能够翻查工具书加以解决；读物内容较为复杂，自己能够条分缕析，看清作者思路，理清文章脉络；读物内容深切、语言优美，自己能够涵泳、揣摩、体会，从中汲取营养；读物中如有值得商榷的地方和明显的错失，自己能够准确地判断，明白地指出；如此等等。这些能力和习惯，只有通过学生自己的尝试，才能逐步养成。什么叫"喜欢读"？那就是拿到一篇文章、一本书，就"好像腹中有些饥饿的人面对着甘美膳食的时候似的"，不需教师催逼督促，自己起劲地、认真地去阅读。这种读书的快感，也只有通过学生自己的尝试，才能逐步获得。

叶圣陶曾经十分精辟地分析过切切实实的预习工作在学生心理上引起的反应，他说："学生在预习的阶段，固然不能弄得完全头头是道，可是教他们预习的初意本来不要求弄得完全头头是道，最要紧的还在让他们自己动天君。他们动了天君，得到理解，当讨论的时候，见到自己的理解与讨论结果正相吻合，便有独创成功的快感；或者见到自己的理解与讨论结果不甚相合，就作比量短长的思索；并且预习的时候决不会没有困惑，困惑而没法解决，到讨论的时候就集中了追求解决的注意力。这种快感、思索与注意力，足以鼓励阅读的兴趣，增进阅读的效果，都有很高的价值。"

那么，作为"练习阅读最主要的阶段"，预习的时候学生该做哪些工作呢？按照叶圣陶的观点，能力和习惯是要逐步养成的，因此预习的要求也必须逐步提高，让学生有一个锻炼的过程。例如最初应该让学生学会翻查字典词典，利用工具书来读书。然后学习在书上做标记，即"在阅读的时候，标记全篇或全书的主要部分，有力部分，表现最好的部分"，标记的时候"或画铅笔线，或做别种符号，都一样。随后依据这些符号，可以总结全部的要旨，可以认清全部的警句，可以辨明值得反复玩味的部分"。此后，还得学会记笔记。读书的时候不但动天君，而且动笔墨。开始可以记录生字生词的解释之类，"以备往后的考查"；以后便逐步丰富所记的内容。叶圣陶说："笔记大概该有两大部分：一部分是碎屑的摘录；一部分是完整的心得——说得堂皇一点，就是'读书报告'或'研究报告'。对于初学，当然不能求其周密深至；但是敷衍塞责的弊病必须从开头就戒除，每抄一条，每写一段，总得让他们说得出个所以然。"这样，循序渐进，严格要求，预习的效率必然大大提高，同时也养成了终身受用的好的读书习惯。

1942年叶圣陶对当时教育部审定的中学国文课程标准提出"改订"建议，其中特别指出，原"课程标准"把"预习"内容仅仅规定为"令学生运用工具书籍，查考生字难句及关于人地时种种问题"，而把"领悟文章之内容体裁作法及其背景"规定为教师讲述时应该注意之点，把"指导学生作分析综合比较之研究"规定为教师讲述后应做的事，这是很不妥当的，认为"这还是把教师的'讲述'看作主体"，还不符合设置"预习"这个项目的本意。他主张，所有这些内容都应该"移在指导'预习'的阶段中"，"假如学生能够'领悟'了，能够'研究'出来了，就无须乎教师的'讲述'；教师所'讲述'的，只是学生想要'领悟'而'领悟'不到，曾经'研究'而'研究'不出的部分：这才显出'讲述'的真作用，才真个贯彻了尝试的宗旨"。这就从根本上动摇了过去旧式国文教学的整个教学思想，从而真正切实地把预习当成"练习阅读最主要的阶段"了。

叶圣陶断言，预习工作真正切实地实施了，整个课堂教学的结构将会发生变化。他在《论中学国文课程的改订》一文中肯定地说："指导预习的办法实施了，上课的情形就将和现在完全两样。上课做什么呢？在学生是报告讨论，不再是一味听讲，在教师是指导和订正，不再是一味讲解。"课堂教学的整个进程，就成了教师指导预习方法、提示预习项目、订正或补充学生的预习成绩，学生们报告各自的预习成绩、讨论彼此的预习成绩这两方面的工作有次序、有组织地进行的过程，成了师生共同活动的过程。在这里面，教师是预习的指导者，又是讨论预习报告的主持者；学生是预习的实行者，又是讨论预习报告的参与者。整个教学过程围绕着"预习"展开。叶圣陶认为："惟有如此，学生在预习的阶段既练习了自己读书，在讨论的阶段又得到切磋琢磨的实益，他们阅读书籍的良好习惯才会渐渐养成。"

把学生预习视为"练习阅读最主要的阶段"，教师是不是如有些人所估猜的那样变得轻松、清闲起来了呢？按照叶圣陶的要求，教师不但不会轻松，不会清闲；相反，要比一味讲解花费更多的精力才行。叶圣陶说，"预习的事项无非翻查、分析、综合、体会、审度之类；应该取什么方法，认定哪一些着眼点，教师自当测知他们所不及，给他们指点"。这里的"测知"和"指点"要达到准确、精当,就不是一桩容易的事。它要求教师对学生有深入的了解,对课文有精当的见解,对读书方法有切实的体会。到了课堂讨论的时候,叶圣陶说:"教师犹如集会中的主席,排列讨论程序的是他,归纳讨论结果的是他,不过他比主席还多负一点责任,学生预习如有错误,他得纠正,如有缺漏,他得补充,如有完全没有注意到的地方,他得指示出来,加以阐发。"这样一系列相机诱导、纠正、补充、指示、阐发的工作,无疑是要比准备一番现成的话,到时候不管学生愿听不愿听、已懂不曾懂,滔滔讲述一通要困难得多。而教师的功力和底子究竟怎样,教师对教学规律的掌握究竟如何,一旦废除了一味讲解,实行了预习指导,一切都会显露出来。从这样的角度看,切实抓好预习工作,反过来还可以促进教师本身业务修养的提高,可以进一步增强教师工作的责任心。凡是已经认真实行预习指导的教师,大概都会有这样的感受。

问题的重要性还在于,重视预习的好处绝不拘囿于阅读教学本身。如果按照叶圣陶的要求,以切实抓好预习工作为中心环节来改革阅读课的课堂教学,那么,在实行上所得到的积极结果必将涉及听、说、读、写各个方面。因为这个时候,学生已经不再是仅仅被动地听教师的讲解;他要"听"教师讲自己迫切要听的话,要"说"自己在预习中通过思索得来的结果,要"读"教师饶有兴味地指点过的好书、好文章,还要随时"写"下自己读后的心得,准备好预习报告。听、说、读、写四个方面都在一个明确的目的支配下活跃了起来,学生的语文能力就自然地得到了全面的训练。所以,抓好预习,犹如下棋,"一着走对,满盘皆活"。

现在,还有相当一部分教师很自信于本人的滔滔讲述,总以为自己的见解高妙,自己的口才超人,如果课堂上竟然自己不痛快淋漓地讲解,而让学生自己去钻研,学生岂不是吃了大亏?而学生呢?也由于习惯或惰性,不少人愿意听教师讲解,不肯自己去读书,去动天君,认为自己花了半天时间得来的结果,还不如听教师讲十分钟收获大。殊不知,这里无论教师或学生所持的"吃亏"论,都是把道理说颠倒了。叶圣陶说:"不教学生预习,他们翻开课本或选文之后又只须坐在那里听讲,不用做别的工作;从形式上看,他们太舒服了,一切预习事项都由教师代劳;但是,从实际上说,他们太吃亏了，几种有价值的心理过程都没有经历到。"这样一来，"纵使教师的讲解尽是欣赏的妙旨，在学生只是听教师欣赏文学罢了"，与学生实际能力的提高补益极少。可见，这里师生双方都要从根本观念上来个改变。从教师一面说，"一篇精读教材放在面前，只要想到这是一个凭借，要用来养成学生阅读书籍的习惯，自然就会知道非教他们预习不可"；从学生一面说，"不可专等老师给讲解，也不可专等老师抄给字典辞典上的解释以及参考书上的文句"，要知道"阅读是自己的事，像这样专靠自己的力才能养成好习惯，培养真能力"。指导思想一变，情况就会大大改观了。

（扬州大学　顾黄初）

教师要学叶圣陶

4. 讨论——上课活动最主要的方式

上课的活动，教学上的用语称为"讨论"……

——叶圣陶

（摘自《叶圣陶教育文集》，人民教育出版社，1994年）

旧式教育是专重"讲"的。所谓"师者，所以传道授业解惑也"，靠的就是言传口授。这个传统在我们今天的语文教学中仍然有一定的影响。说"上课"，就等于说"讲课"，已成惯例。而叶圣陶在他一开始从事教学工作的时候起，就对这种传统做法表示怀疑。翻开两卷本的《叶圣陶语文教育论集》，几乎随处可见他有关这方面的论述。

叶圣陶认为，教师教学生也属于一种社会交际活动，既是社会交际活动当然就免不了你听我讲、口耳授受。所以"讲"在教学过程中的作用是不能否认的。传统教育未重讲书的弊病，主要在于把"传道授业解惑"单纯地看作知识的师授生受，如同交付什么物件一般简单。这显然是有悖于教学规律的。叶圣陶说："教师教任何功课（不限于语文），'讲'都是为了达到用不着'讲'，换个说法，'教'都是为了达到用不着'教'。"怎样才算用不着"教"呢？"学生入了门了，上了路了，他们能在繁复的事物之间自己探索，独立实践，解决问题了"；总之，他们自己已经具备了必要的能力和习惯了：这就达到了目的。那么，为了达到这种境界，为了达到用不着"讲"，用不着"教"的目的，现在又该怎样"讲"、怎样"教"呢？叶圣陶说，正确的教法应该是"朝着促使学生'反三'这个标的精要地'讲'，务必启发学生的能动性，引导他们尽可能自己去探索"。这里的关键就在于让学生"自己去探索"。所谓"精要地'讲'"，也就是"讲"学生自己探索以前所应该知道的门径和方法,"讲"学生自己探索以后未能得解或未能发现的要点和难点。果真这样去做,那么,上课就不再是"讲课",而是在教师组织和主持下的"讨论"。所以,叶圣陶明白地说:"上课的活动,教学上的用语称为'讨论'"。也就是说,上课的主要方式就是讨论。

上课活动要真正处理成卓有成效的讨论活动,需有个前提,那就是切切实实抓好预习。这一点在前面已经谈过,不再赘述。这里所要着重探讨的是,讨论以前和讨论中间,教师应该如何"引导"的问题。

叶圣陶认为,无论是指导学生预习还是组织学生讨论,首先总要指点一下读书、读文章的门径。书和文章有千千万万,谁也读不尽;但凡是有益的读物,在内容和形式上总有许多可取之处。学习语文,着重点当然是探究形式方面的问题。探究些什么呢?这应该让学生明白。叶圣陶在与夏丏尊合编的《国文百八课》第一册第一课里,写了一篇"文话"——《文章面面观》,就精要地讲了读文章探究形式的七个项目:"一、这篇文章属于哪一类?和哪一篇性质相似或互异?这类文章有什么特性和共通式样?(文章的体制)二、文章里用着的词类,有否你所未见或你所知道的某词大同小异?(语汇的搜集)三、文章里词和词或句和句的结合方式有否特别的地方?你能否一一辨认,并且说出所以然的缘故?(文法)四、文章里对于某一个意思用着怎样的说法?那种说法有什么效力?和别种说法又有什么不同?(修辞)五、文章里有什么好的部分?好在哪一点?有什么坏的部分?坏在哪一点?(鉴赏与批评)六、这篇文章和别人所写的同类的东西有什么不同?你读了引起什么感觉?(风格)七、从开端到结尾有什么脉络可寻?有否前后相关联的部分?哪一部分是主干?哪些部分是旁枝?(章法布局)"并且指出:"别的项目当然还有,以上所举的是最重要的几个,每个项目代表文章的探究的一个方面。能从多方面切实留意,才会得到文章上的真实知识,有益于阅读和写作。"一套语文课本,开宗明义地就把读文章的基本要领向学生明明白白地交代出来,这体现了叶圣陶关于"导者,多方设法,使学生能逐渐自求得之"的一贯主张。

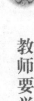

上面所列的七项,值得注意的有这么两点:一是概括了文章在形式上的各个主要方面,如体裁、遣词、文法、修辞、风格、章法等等,使学生一开

始就懂得该从哪些地方着手去探究，去思索，这就为"预习"或"讨论"划定了语文学科对于文章所应研究的基本范围。二是一概用提问题的方式，并且特别注重"比较"，如体裁异同的比较、炼字炼句的比较、文章优劣得失的比较、写作风格的比较等等。这不但能引起学生探究的兴趣，而且暗示了语文学科对于文章所应采取的探究方法。因此，这七项读书法，对我们今天尝试讨论式教学无疑仍有重要的启示作用。

世上文章数不清，单是语文课本里选的也有好几百篇。这七项读书法，只能算是"讨论"的总题目、总范围。至于一篇篇具体的文章，那就又有它们自身所应"讨论"的具体题目、具体范围。所以，教师的"引导"，又必须在启发学生围绕总题目、总范围去置疑设问上面下功夫。首先是要求教师善于提出疑问，启发学生思考。叶圣陶在编《开明国文讲义》的时候，各篇选文后面还没有安排供讨论的问题。第二年编《国文百八课》，就创设了"习问"一项，从选文中提出一些问题供学生思考。到20世纪40年代编《开明新编国文读本》时，就明确编列了"讨论"一项，要求学生循此路径去预习，并将预习结果带入课堂，进行讨论。

叶圣陶是语言大师、文章高手，对于文章的品评和辨析，当然独具慧眼。所以，从他设置的疑问中，我们常常可以获得启示，领会到读文的诀窍和提问的艺术。例如，读鲁迅名著《孔乙己》，探究的路径可以各不相同。在《〈孔乙己〉中的一句话》中，叶圣陶从作品全局着眼，只提出了一个问题：这篇小说的前一部分和后一部分之间，为什么要插入"孔乙己是这样的使人快活，可是没有他，别人也便这么过"这样一句话？并且提示说："就小说写作的理想说，一句话该有一句话的必要和效果。若是可有可无的话，就不必写。要判定某一句话是否可有可无，不妨就从必要和效果着眼。不必要的，不增加什么效果的，就是可有可无的话；非有不可的，能够增加效果的，就是决不该漏掉的话。现在试看这一句话属于哪一类？"《孔乙己》中的这句话，因为与全文的布局有关，与全文的基调有关，所以抓住这句话置疑设问，引起人们深入思考，就能品出这篇杰作的精华之所在。而在另一篇题为"揣摩"的文章里，叶圣陶仍用《孔乙己》这篇小说为例来说明什么叫揣摩、文章该怎样揣摩的道理，其中竟提出了大小十余个问题，如："鲁迅为什么要假托这个小伙计,让这个小伙计说孔乙己的故事?""幼年当过酒店小伙计的一个人,忽然说起二十多年前的故事来,是不是有点儿不自然呢?""这篇小说简直是用'笑'贯穿着的,取义何在?"……一个问题引出一个问题,题题相连,环环紧扣。叶圣陶认为,要把这些可能想到的问题都想到了,并且都揣摩透彻,才算真正"理解"了《孔乙己》。这可以说是层层置疑的方法。这个例子证实了叶圣陶这样的话,他说:"一篇文章,可以从不同的观点去研究它。如作者意念发展的线索,文章的时代背景,技术方面布置与剪裁的匠心,客观上的优点与疵病,这些就是所谓不同的观点。对于每一个观点,都可以提出问题,令学生在预习的时候寻求解答。"

当然,就一篇课文的讨论而言,问题不可能涉及得过多过细,也不允许牵扯得过远过泛。按照叶圣陶的观点,揣摩一篇文章中的问题,必须符合这样几条要求:一是"着重在它的主要意思",就是说,要抓住文章的基本思想,不要抓了芝麻丢了西瓜。二是"各个部分都不能轻轻放过",因为"主要意思是靠全篇的各个部分烘托出来的",没有局部哪有整体?文章的整体结构正是由各个局部组成的。三是"体会各个部分,总要不离作品的主要意思",在揣摩文章的各个局部时,要着重探究它们对表现文章基本思想的作用和效果。四是"提出来的必须是合情合理的值得揣摩的问题"。这些都是一般原则。在教学的实践中,一篇课文的讨论还得服从一册课本、一个单元的教学目的,与教学目的关系大的过细地问问,深入地议议;与教学目的关系不大的,重要的提一提,不重要的不妨完全略去。

在《开明新编高级国文读本》中,叶圣陶和他的合作者们为鲁迅的《藤野先生》一文设计的讨论题一共有 14 个,都是围绕鲁迅思想和藤野性格以及藤野对鲁迅的影响这个中心内容提出的。而充分把握这一中心内容,正是学习这篇名作的目的。这 14 个讨论题是:

1. 东京"清国留学生"的情形怎样?——作者为什么采用"清国留学生"这个名称?

2. 他为什么离开东京到仙台去?又怎么留住在仙台?是为了受优待吗?

3. 他在仙台怎样受优待?为什么说是"物以希为贵"?

4. 藤野在学生和一般人的眼睛里是怎样一个人?

5. 他怎样待作者?——为什么?
6. 他对中国的了解是怎样的?
7. 作者为什么感到"不安"?为什么"为难"?他认为自己的"任性"对吗?
8. 日本学生为什么疑心考试漏了题目?
9. 作者为什么又离开了仙台?
10. 藤野怎样"惜别"?
11. 作者为什么一直没有寄照片和信给藤野?
12. 作者怎样评论藤野的性格?——为什么说他如此?——为什么说"在我的眼里和心里"?
13. 作者记忆里的藤野,除了面貌外,还有什么最清楚?
14. 藤野对作者有怎样的影响?

这14个讨论题,无疑也应该就是指导学生预习的预习题。学生按照这些题目揭示的路径,把文章从头到尾细细阅读和揣摩。有的理解了,用笔记下自己的体会;有的还模糊,用笔记下模糊处;有的还存疑,用笔记下存疑处。到讨论的时候,就可以相互切磋,各抒己见,取长补短,大家都从彼此的发言中获得启发和教益。这样的讨论题,不单是有助于学生对课文的基本思想的理解,有助于教学目的的实现,而且可以使学生懂得对于一篇名篇佳作该怎样自己去置疑设问,从而真正深入地领会它的精蕴。

要把以往的"讲书"改变为"讨论",首先是要教师在指导思想上有所改变,要决心"把古来的传统变一变,让学生处于主动地位"。有了这样的决心,就会有勇气去冲破旧的习惯的约束,开创课堂教学的新局面。除此以外,还得照叶圣陶的要求做到两点:"第一要学生在预习的时候准备得充分",否则,讨论起来,不是"等了好久没有一个人开口",就是"有人开口了只说一些不关痛痒的话",结果教师"只得自己一个人滔滔汩汩地讲下去",完全违背了讨论的宗旨。"第二还得在平时养成学生讨论问题,发表意见的习惯",而"这种习惯的养成不仅是国文教师的事情,所有教师都得负责"。如果整个学校,师生相处融洽,课内课外各项活动都搞得生动活泼,富有生气,学生在各方面都发挥了主动精神,各科教师都注意培养学生敢于发表意见的精神和习惯，那么，讨论成为语文课堂教学的主要方式，就是十分自然的事了。而这样做的结果，给学生带来的益处绝不仅限于语文方面，他们将因为学得生动活泼而身心都得到健康发展，智慧和才能也将得到充分发挥。

实践证明，当这种以学生为主体、给学生以主动权的"讨论式"教学一旦认真实施了，学生的思维必将空前活跃起来，他们的智慧之火将闪耀出光彩。上海的钱梦龙从"发展学生智力"的目标着眼，主张在指导学生"自读"的时候，就"鼓励学生积极思维，大胆质疑"；然后把学生提出的问题归纳整理以后，根据教学目的和要求，在"教读"的时候组织课堂讨论。我认为，从实质上看，钱老师的主张是叶圣陶教学思想的具体实践和在实践基础上的新的发展。叶圣陶曾经慨叹几十年来语文教学中"学生很少运用心力"的状况未能根本改变，这主要是指预习工作流于形式、讨论习惯未曾形成。现在，除钱梦龙以外，还有不少语文教学界锐意改革的同志已经觉悟到了这一点，并且在改革实践中尝到了以培养学生读书能力和读书习惯为宗旨的一些新的教法的甜头。他们在如何指导学生预习、如何启发学生质疑、如何组织学生讨论等方面，已经有了一些经验并正在创造新的经验。这些经验，从各个方面证实了叶圣陶关于变"讲书"为"讨论"的理论观点，不但是正确的、有效的，而且有极为广阔的发展前景。

（扬州大学　顾黄初）

5. 精读、略读与参读的相互配合

学生从精读方面得到种种经验，应用这些经验，自己去读长篇巨著以及其他的单篇短什，不再需要教师的详细指导，这就是"略读"。就教学而言，精读是主体，略读只是补充；但是就效果而言，精读是准备，略读才是应用。

——叶圣陶

（摘自《叶圣陶教育文集》，人民教育出版社，1994年）

叶圣陶在阅读教学方面的一些理论观点和实践尝试，其着眼点都在于培养学生独立阅读的能力和习惯。为了使学生逐步学会自己读书，逐步养成各种必要的好的读书习惯，他主张把阅读课的教学过程，大致划分为预习—报告和讨论—练习这样三个阶段。他曾说："现在要国文教学收实效，要让同学们多多受用，必须摆脱传统影响，排除书塾的一套办法，由同学们独立阅读同时集体阅读。"这里的预习就是个人独立阅读，报告和讨论就是集体阅读，而练习则是在新的基础上个人再次独立阅读。这就是叶圣陶所谓"独立阅读同时集体阅读"的新的教法。从课堂教学的整个结构来说，这是"纵向"结构的改革。此外，在"横向"结构上，叶圣陶又主张把阅读课分成"精读"和"略读"两种课型，而在精读课和略读课上都需要结合"参读"相关的书籍或文章，形成精读、略读和参读相互配合的新的教学体制。这种主张，可以看作是对"横向"结构的改革。

中学语文课把阅读分成精读和略读，起始于1923年全国教育会联合会"新学制课程标准起草委员会"草拟并公布的中小学各种《新学制课程标准纲要》（以下简称《课程纲要》）。在这之前，一般只是笼统地定为"读文"或

"讲读",到《课程纲要》公布的时候,初中语文的学习项目规定为"读书""作文""写字"三项,其中"读书"一项就分为"精读"和"略读"两类。据有关资料记载,这个《课程纲要》总的起草主持人是胡适;而其中初中语文部分却是叶圣陶参与编制的。从叶圣陶之后专门与朱自清合著《精读指导举隅》和《略读指导举隅》二书对此详加论述的具体实践来看,他主张把阅读课一分为二,建立精读与略读结合的新课型,是明确的,也是一贯的。

叶圣陶的这种主张,在指导思想上有两点值得我们注意:一是精读和略读的相互关系问题;二是这二者不同的阅读内容和阅读要求问题。

叶圣陶始终认为,传授任何技能技巧,讲说一遍,指点一番,只是个开始而不是终结;讲说和指点之后,必须随着督促受教的人多多练习,并且按照规定去练习,从而学会应用。学会读书读文章也同样如此,学与用必须一以贯之。但是,历来的国文教本,为了"供学生试去理解,试去揣摩,分量就不能太多,篇幅也不能太长;太多太长了,不适宜于做细琢细磨的研讨功夫"。这就有了局限性。教师固然可以让学生课外尽可能地去广泛阅读,但这毕竟不容易纳入自己指导和督促的范围之内。因此,必须在课内提供一个条件,让学生能把从国文教本上学得的知识具体应用到阅读其他书籍中去。这,就是叶圣陶重视精读、略读相结合这种分课型教学的出发点。叶圣陶在《略读指导举隅》的前言里说得很明白:"学生从精读方面得到种种经验,应用这些经验,自己去读长篇巨著以及其他的单篇短什,不再需要教师的详细指导,这就是'略读'。就教学而言,精读是主体,略读只是补充;但是就效果而言,精读是准备,略读才是应用。"而学生在出校以后,为了需要或兴趣,一辈子须阅读各种书籍或文章,这种应用能力必须在学校学习期间"打定根基,养成习惯"。略读正是为了实施这方面的历练。这就是精读、略读之间的相互关系。

在阅读内容方面,叶圣陶认为精读课主要是精读国文教本中所选收的单篇短什,略读课主要读成本的书。例如 1923 年所拟初中国文课程纲要中规定有《水浒传》《儒林外史》《镜花缘》等。在 1943 年编写的《略读指导举隅》一书中所论的书目,共有《孟子》《史记菁华录》《唐诗三百首》《蔡孑民先生言行录》《胡适文选》《呐喊》和《爱的教育》等七部著作。为什么精读材料以选择单篇短什为宜呢?"只因单篇短什分量不多,要做细磨细琢的研读功夫，正宜从此入手，一篇读毕，又读一篇，涉及的方面既不嫌偏颇，阅读的兴趣也不致单调"。可见，一是由于适合读得"细"，容易摸透读书读文章的一般要领；二是由于安排进程"快"，读得富于"变化"，容易广泛接触各方面知识，提高读书读文章的兴味。但学生今后走出校门，无论从学习和工作的需要说，还是从一般阅读说，读物总是以成本的书为主，其中包括各种文集、论丛及专题文章选辑之类。如果学生在校期间，没有读成本的书的机会，或者虽有机会而不能得到教师的具体指导，这无疑是个极大的缺陷。所以，为了"历练"和"应用"而设置的略读课宜乎以读成本的书为主；而且，"宜与精读一样，全班学生用同一的教材"，这样便于教师进行指导。

在阅读要求上，精读和略读也应该有所区别。

精读的要求在于咬文嚼字，细琢细磨，努力去理解每一篇选文的精蕴，认真去揣摩每一篇选文的写法，从中得到读书作文的必要知识。因此，叶圣陶要求教师在指导的时候，要做到"纤屑不遗，发挥净尽"，也就是说，要通过认真预习和课堂讨论，在内容和形式两个方面给学生以具体而细致的指点。略读的要求在于根据读书的一般原则，针对所读书籍的性质和需要，在教师指导下自己独立去阅读，以期养成读书的熟练技巧和良好习惯。因此，叶圣陶要求教师在指导的时候，要做到"提纲挈领，期其自得"，也就是说，只需在重要的关节点上给予指引和启示就行。叶圣陶用了一个通俗的比喻，来说明两种指导的不同要求，说："学生从精读而略读，譬如孩子学走路，起初由大人扶着牵着，渐渐的大人把手放了，只在旁边遮拦着，替他规定路向，防他偶或跌跤。"而总的目标都是为了让"孩子步履纯熟，能够自由走路"。

这里需要特别提出的是，无论是精读还是略读，叶圣陶都强调要重视"参读"这个环节。这一点，一般教师都易忽略，而实际上用处却极大。

在精读课里面，叶圣陶除了要求抓好预习和讨论外，还要求安排必要的"练习"。练习主要有三项：一是吟诵，即合乎规律地、通体纯熟地诵读课文，使课上讨究所得"不仅理智地了解，而且亲切地体会"；二是参读相关文章；三是应对教师提出的问题。我们通常只做了其中第一、第三两项，却很少注意第二项。按照叶圣陶的观点，精读文章只是个例子，由于课时限制，例子不可能选读得太多，因此，必须指导学生在学了精读文章之后，推而广之，再去读一些与精读文章"相关"的文章。什么是"相关"？叶圣陶解释说："比如读了某一体文章，而某一体文章很多，手法未必一样，大同之中不能没有小异；必须多多接触，方能普遍领会某一体文章的各方面。或者手法相同，而相同之中不能没有个优劣得失；必须多多比较，方能进一步领会优劣得失的所以然。"这些手法上同中有异或异中有同的文章，就是相关的文章。这类相关文章，可以是前面已经学过的课文，如精读《荔枝蜜》，那么《香山红叶》就宜作为参读材料，因为它们都有托物言志的特点，可资比较；也可以另行选择，如精读老舍的《济南的冬天》，不妨另选老舍的《趵突泉的欣赏》作为参读材料，进一步体会老舍写景文字的特色。诸如此类，总的原则是由此及彼，连类而及。此外，还有一些参考性质的文章。比如，读陶潜的《桃花源记》，可以把《中国文学史》中有关晋代文学概述部分取来作为参考，可以把英国马列思的《理想乡消息》拿来作为参考，也可以读读《晋书》中的《陶潜传》，借以知道作者的为人，等等。这样看来，叶圣陶规定精读课的练习项目中，实际上有一项是泛览一些比勘性、参考性文章。这无疑是深谙读书之道的真知灼见。

现在我们使用的统编教材，几乎每个单元都有讲读课文和阅读课文两种。如果按叶圣陶的教学思想来处理，似乎应该把讲读课文看作精读文章，而把阅读课文看作参读文章，让学生自己去阅读，在阅读中进行对照比较，以增强阅读的能力。目前有不少教师在试行"单元教学"，实施"一课多篇"的教法，其中有人就主张以一篇或两篇课文为重点，细琢细磨，其余几篇只作一些点拨，让学生自己去阅读，去体会，去比较。这种做法，与叶圣陶的主张近似；只是未必能自觉意识到这后一类文章应该作为学生的一种练习材料来对待，要学生严格地按规定来阅读，从而考查精读的所得是否真正有效和巩固。况且，做"参读相关文章"的练习，还有训练学生阅读速度的作用。叶圣陶说，"课内精读文章是用细琢细磨的工夫来研讨的；而阅读的练习，不但求其理解明确，还须求其下手敏捷"。"参读相关文章就可以在敏捷上历练"，因为布置参读的文章既与精读文章相关，剖析处理就不致感到生疏，"求其敏捷当然是可能的"了。所以，自觉地把阅读课文当作参读文章布置给学生去练习，还可以收到培养速读能力的效果。这一点也不能忽视。

略读课读的既以专书为主，指导当又有一些特殊的内容和方法。在《略读指导举隅》一书中，叶圣陶开列的指导项目主要有版本指导、序目指导、参考书籍指导、阅读方法指导、问题指导等五项。其中参考书籍指导一项，尤其值得我们重视。叶圣陶在该书的前言中说，"从小的方面说，阅读一书而求其彻底了解，从大的方面说，做一种专门研究，要从古今人许多经验中得到一种新的发现，一种系统的知识，都必须广博地翻检参考书籍"，"所以，利用参考书籍的习惯，必须在学习国文的时候养成"。途径有两条：一是在精读课的"练习"中规定"参读"项目；二是在略读课的指导中要求参阅必要的参考书籍。当然，中学生参读的应该是较为浅显的参考书籍，教师指定这些书籍时既要考虑到学生搜求的可能性，还要给予必要的指点，让他们逐步提高查阅参考书籍以助读的能力。

精读、略读分课型教学，在精读课和略读课中都重视参读的指导，使精读、略读和参读相互配合起来，以利于培养学生独立阅读的能力和习惯，这是叶圣陶对阅读课课堂教学结构改革的又一重要观点。这种观点，对指导我们当前的中学语文教学甚至大学文科教学都有十分重要的意义。现在的中学生，运用自己的心力来读书读文章的机会实在太少；至于为了求得某个问题的正确解决，在教师的指导下去查阅参考书籍，那就更缺乏锻炼。不少中学的图书资料，不能配合教学发挥作用。教师讲课，把进度安排得紧紧的，课堂教学的容量总是临近饱和点，很少给学生以参读、泛览一些相关读物的条件。在这样的情况下，学生的学习常常被一种被动应付、紧张惶恐的心理支配着，因此，其中一些人毕业后进了高等学校，一开始都无法适应以独立钻研为主要方式的大学学习生活。他们根本不懂得怎样去借助工具书和各种参考资料来解决自己学习中遇到的问题，也不习惯搜求各种相关资料来阐明一种观点。这种状况，若不改变，就会直接影响到高一级学校的人才培养工作，对提高青年一代的独立工作能力和其他社会活动能力也极为不利。而要改变这种状况，看来非要从中学起就重视精读、略读和参读的严格训练不可。

（扬州大学　顾黄初）

6. 重温叶圣陶识字与写字教学观

> 假如学生进入这一境界（达到不需要教——编者注），能够自己去探索，自己去辨析，自己去历练，从而获得正确的知识和熟练的能力，岂不是就不需要教了吗？
>
> ——叶圣陶
>
> （摘自《叶圣陶教育文集》，人民教育出版社，1994年）

汉字是世界上历史悠久的文字，它的发明是中华民族对世界文化的一大杰出贡献。而学好、写好汉字是我们对中华民族优秀传统文化的继承和发展。

学校是指导学生规范写字、用字的主阵地，要努力营造写字端正的风气。早在1961年叶老就指出："学生写字大多潦草，也是人们常常皱着眉头说起的，皱着眉头，为的是从中看到一般潦草的局面势将继续下去。"于是他大声疾呼："必须赶快改变这个局面，造成写字端正的风气。"怎样造成这种风气呢？叶老提出："造成风气的主要阵地在学校，无论小学中学大学，出来的学生都写得一手端正的字，风气不就改变了吗？"针对目前中小学生的写字质量及写字教学的状况，叶老当年所倡导的解决措施，仍有指导意义，需要我们很好地占领学校这块阵地，加强和改进写字教学，形成一种写好字、用好字的良好风气。

要指导学生规范写字、用字，就需让学生明确写好字的目的，重视培养写字兴趣。对此，叶老说："写下的字是让人家看的，不要使人家看不清楚，看得很吃力。""不要自己乱造字，简化字有一定的规范，不要只管自己易写，不管别人难认。"的确，要提高学生的写字质量，教师与学生都应明确写字的目的；目的明确了，字才能写得规范。怎样培养学生的写字兴趣呢？叶老指出："学生耳濡目染，不知不觉鼓起了兴趣，提高了眼力，将会严格地要求自己。"这里的"耳濡目染"就是从视觉和听觉上多方感知写字所带给人的乐趣，从而提高写字的兴趣。

要指导学生规范写字、用字，还需重视端正学生学习写字的态度。叶老讲："学习态度本来非端正不可。而学习态度一端正，自然会把写字当一回事，又何况写得清楚些，匀称些，整齐些，究竟也没有什么难。"那么，怎样端正学生的写字态度呢？叶老指出："可以这样考虑，教的方面的事差不多应有尽有了，而学生写出字来潦潦草草，不按规格，这里头似乎不仅是写字的问题，而且是学习态度的问题。就是说，学习态度不够认真严肃。如果这个说法中肯的话，那就要在写字教学以外想办法了。"

养成良好的写字习惯至关重要，因为习惯就是能力。叶老讲："学生一开始就养成写字的好习惯，也将终身受用不尽。""无论用什么笔写，全都得不马虎，才可以养成好习惯。""不马虎"，就是要做到一丝不苟，"先要求写得端正，成为习惯"。

加强写字训练和要求，是指导学生规范写字的重要保证。叶老讲："大凡传授技能技巧，讲说一遍，指点一番，只是一个开始而不是终结。要待技能技巧在受教的人身上生根，习惯成自然，再也不会离谱走样，那才是终结。所以讲说和指点之后，接下去有一段必要的工夫，督促受教的人多多练习，硬是要按照规格练习。练成技能技巧不是别人能够代劳的，非自己动手，认真练习不可。""总之，要学生多练，要严格要求。"

教师能写一手好字，发挥表率示范作用，会对学生起到言传身教的影响。叶老曾对一位教师说："我要给你提个小意见，字要写得端正清楚些，对学生尤其要清楚，因为你是语文教师，得做学生的表率。"

创设良好的写字环境，作用是巨大的。为什么呢？叶老说："让学生处在这样的环境里，只看见写得端正的，看不见写得潦草的，从而受到影响，练成写字的好习惯。"创设怎样的环境呢？叶老讲："凡是揭示的标语，指示的牌子，张贴的写件，刻蜡的印件，写在黑板上的粉笔字，批在作业本上的毛笔字或是钢笔字，全都端端正正，一笔不苟，这样的环境不就差不多了吗？"的确，如能让学生处在这样一种规范的用字、写字环境里，又何愁不能改变学生写字潦草、用字混乱的现象呢？

（北京市密云县教研中心　杨德伦）

7. 好习惯是学好语文的支点

  教育是什么？往简单方面说，只须一句话，就是养成良好的习惯。

——叶圣陶

（摘自《叶圣陶教育文集》，人民教育出版社，1994年）

  著名教育家叶圣陶先生历来主张把养成良好习惯摆在极其重要的位置。在他的有关教育和语文教学的论著中，涉及习惯的论述，据不完全统计，就有百余处之多，可见他把养成青少年学生的良好习惯摆在多么重要的位置。他甚至认为教育的全部目的就是要养成学生的良好习惯。他说："教育是什么？往简单方面说，只须一句话，就是养成良好的习惯。德育方面，要养成待人接物和对待工作的良好习惯；智育方面，要养成寻求知识和熟习技能的良好习惯；体育方面，要养成保护健康和促进健康的良好习惯。咱们社会主义社会的教育，就是要使学生养成社会主义社会里生活的一切良好习惯。"我非常赞同叶圣陶的观点，认为即使把养成好习惯放在各类教育中至高无上的位置也不为过，因为好习惯属于"为人"的范畴，而"为人"比"为学"不知重要多少倍。好习惯养成了，一辈子受用；坏习惯养成了，一辈子吃亏。

  养成学语文的好习惯是叶圣陶培养习惯说中重要的组成部分，他认为就语文学科而言，教师一定要鼓励和引导广大青少年学生尽早养成两种好习惯：一种是凭语言文字吸收（听和读）的好习惯，一种是凭语言文字表达（说和写）的好习惯。

  具体分解开来，叶圣陶认为要学好语文，至少要让学生尽早养成这样一些好习惯。

一、专心听话的好习惯

听在人们的工作和生活中是须臾也不能离开的,教育心理学工作者观察一般语言活动的使用频率,得到的结果是这样的:"听占45%,说占30%,读占16%,写占9%。"可见人们求得知识的主要途径是靠听。叶圣陶说:"听人说话,能够了解对方的要旨,不发生误会。又能够加以评判,对或不对,妥当或不妥当,都说得出个所以然。"为了达成这样的目标,教师必须在平时加强对学生进行有效的听的训练。在整个训练过程中,要格外重视在"专心"两个字上下功夫,并时刻注意根据不同学生的年龄、地域、学识等差异,分别进行有的放矢的培养。就一般而言,应遵循先慢后快、先简单后复杂、先具体后抽象等原则,使学生听话能力的诸要素都得到全面提高。到那时,学生养成了专心听话的好习惯,听话的质量必将大大提高,在听话方面形成的能力就可真正享用一辈子了。

二、勤于阅读的好习惯

叶圣陶认为,在语文阅读教学中,教师要千方百计地把学生的阅读兴趣调动起来,教师的责任不在于把一篇篇的文章装进学生脑子里去,因为教师不能一辈子跟着学生。教师只要待学生预习之后,给他们纠正、补充、阐发;唯有如此,学生在课前的预习阶段练习自己读书,在课内的讨论阶段又得到切磋琢磨的实益,他们才能尝到阅读书籍的甜头。

三、认真说话的好习惯

早在1924年,叶圣陶就专门写过一篇题为"说话训练——产生与发展的总枢纽"的文章,把训练儿童说话一事看得极为重要。所以在学校里,教师一定要对学生进行说话的严格训练,否则的话,"他们出了学校不善说话,甚至终其身不善说话"。现代语言学家把说话能力的构成要素归纳为定向能力、编码能力、语言表达能力、语音调控能力和态势配合能力等五种。为此,我们对学生进行说话训练,课内可采用诵读、复述、发言、讨论等形式;还可结合作文教学来训练学生的说话能力,如先说后写、写后评说和口头作文等。

至于日常生活中,随时都可进行说话训练,如慰问、接待、致辞、演讲等。当然最好都能有教师的指导,指导得法,学生不但能提高说话能力,而且交际能力、思想品德等方面也都能同时得到锻炼和提高。

四、随时写作的好习惯

写作是一门技能,需要经过长期不断的实践。叶圣陶曾经有过这样的设想:"能不能从小学高年级起,就使学生养成写日记的习惯呢?或者不写日记,能不能养成写笔记的习惯呢?凡是干的、玩的、想的,觉得有意思就记。一句两句也可以,几百个字也可以,不勉强拉长,也不硬要缩短。总之实事求是,说老实话,对自己负责……这样的习惯假如能够养成,命题作文的方法似乎就可以废止,教师只要随时抽看学生的日记本或笔记本,给他们一些必要的指点就可以了。"令人可喜的是,现在已有越来越多的中小学语文老师按照叶圣陶的设想去进行作文教改的试验,让学生认真地多写多练,养成随时作文的良好习惯,写作水平都提高得相当快。

五、自改文章的好习惯

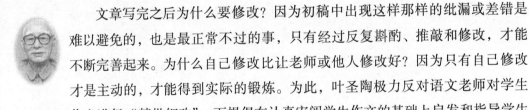

文章写完之后为什么要修改?因为初稿中出现这样那样的纰漏或差错是难以避免的,也是最正常不过的事,只有经过反复斟酌、推敲和修改,才能不断完善起来。为什么自己修改比让老师或他人修改好?因为只有自己修改才是主动的,才能得到实际的锻炼。为此,叶圣陶极力反对语文老师对学生作文进行"精批细改",而提倡在认真审阅学生作文的基础上启发和指导学生自己修改。教师千万不要把本应由学生做的事情越俎代庖地包揽过来,弄得自己疲于奔命地搞无效劳动,学生却永远不会修改。

六、规范写字的好习惯

中小学生能否规范写字,与教师的关系甚为密切,为此,教师的板书和评语至少应该做到端正清楚,笔顺正确。如果教师本人都不把规范写字当回事,学生势必会跟着不规范,其后果就不堪设想了。叶圣陶1972年9月在给一位语文老师的回信中说:"我要给你提个小意见,字要写得端正清楚些……

字不好不要紧，笔画不清楚，叫看的人费心力眼力，就不合乎群众观点了。"在大力推行素质教育的今天，我们更应该把改变字风、规范写字作为一项重要内容。我们高兴地看到，已有不少中小学生能写一手好字，但是字写得潦草以及写错常用字的学生（包括大学生和研究生）仍占相当高的比例。所以，一定要通过教师及学生的共同努力，加强训练，逐渐形成写字端正清楚，先对后快，既对又快的良好习惯。

七、常查词典的好习惯

众所周知，任何一本高质量的词典都不是一个人或少数几个人所能编撰完成的。目前，在全国各地的新华书店都可购到不同版本的词典，但需要甄选其中的珍品。有的人没有搞懂"东山再起""豆蔻年华""万人空巷""不刊之论""美轮美奂""差强人意"等成语的真正含义，在说话或写文章时就闹出了不少笑话，有时甚至还会把自己弄得很尴尬，所有这些，其实只要一查词典，就全都明白了。经常查阅词典，就等于生活在一大批德高望重、学识渊博的专家身边，随时可以请教。这等好事，何乐而不为？

八、善于自学的好习惯

知识的学习和能力的提高是永无止境的，每个人都应该活到老、学到老。在学校里有老师指导，但人的一生在学校里度过的时间只占一小部分，大量的时间不是在学校里。走上社会工作岗位之后，主要应靠自学。实践证明，通过自学而掌握的东西点点滴滴在心头，往往更有利于指导自己的工作和生活。善于自学的好习惯不应该等到离开学校之后才去培养，必须在学校期间就养成，而且越早越好。

叶圣陶所提出的种种学语文的好习惯，全都与青少年学生语文素质的发展提高密切相关，所以，他的一系列正确主张，绝大多数都已被教育部写进了语文课程标准之中。希望所有教语文的老师和学语文的学生都要十分重视语文好习惯的培养，因为只有养成了这些好习惯，我们的语文教学才能真正走出"少、慢、差、费"的沼泽，尽快进入"多、快、好、省"的坦途。

（浙江丽水学院　徐龙年）

吾行篇

学校教育应当使受教育者一辈子受用。

——叶圣陶

(摘自《叶圣陶教育文集》,人民教育出版社,1994年)

学校与管理

1. 重拾教育精神：我们这样践行叶圣陶教育思想

> 严格说起来，进小学中学大学都不是去读书，而是去受教育。受教育的目的不是为了应付考试，是为了做社会的合格成员，国家的合格公民。
>
> ——叶圣陶
>
> （摘自《叶圣陶教育文集》，人民教育出版社，1994年）

随着课程改革的深入，教育面临的挑战越来越严峻。在这样的背景下，学校教育何去何从？怎样看待国外教育经验及我们自己的教育传统？教育现代化从什么历史方位上启航？这都是不容回避、迫切需要回答的问题。回望苏州市第一中学（以下简称苏州一中）百年办学历程，我们深刻地体会到，珍视传统，面向未来，汲取民族和国外教育思想精华，立足自己的办学实际，在新的教育形势下发扬光大，对于实现学校的率先发展、科学发展与和谐发展意义深远。

一、培养公民，乐育英才

什么是真正的教育？我们为什么要办教育？要找寻问题的答案，不妨老老实实地回到教育的原点，重温教育大师和先贤的教导，寻求前行的方向和路标。

我们的老校友叶圣陶，一贯主张教育应为人生。在教育本质问题上，叶圣陶站在了时代的制高点上，划清了封建传统教育和现代公民教育的界限，给人们以极其明确的警示。早在20世纪40年代，他就旗帜鲜明地提出："传统的教育以圣经贤传为教。且不问圣经贤传是否适于为教，而用圣经贤传作幌子，实际上却把受教育者赶上利禄之途，是传统的教育最不可饶恕之处。如今的什么学科什么课程也是幌子，实际上也在把受教育者赶上利禄之途……教育工作者为了要尽自己的责任，不能不表示不再承袭传统的教育精神。"

叶圣陶"为人生"的教育思想正是对封建传统教育思想的叛逆，是具有鲜明的科学民主意识的现代教育思想。他多次提到教育要培养学生的"公民意识"。在1983年的一次谈话中，他谆谆教导教育工作者："严格说起来，进小学中学大学都不是去读书，而是去受教育。受教育的目的不是为了应付考试，是为了做社会的合格成员，国家的合格公民。"这种警示对今天的中国教育仍然有着强烈的现实意义和指导作用。我们社会主义初级阶段的教育，就是要培养社会主义事业的建设者，培养现代化事业的栋梁之才，同时也必须造就现代社会的合格公民。这就是说，教给孩子知识是重要的，但光教给孩子一些知识，只重视孩子的文化学习，还不是完全的教育。完全的教育，是把孩子作为一个完整的人来培养。教育必须关注人，关注人的和谐发展和健康成长。学校的根本任务是育人，人是学校一切工作的出发点和旨归。中小学是人生成长的重要阶段。中小学教育的意义在于为学生的一生奠基，奠定道德、文化、身体、心理等方面的扎实基础，为学生将来成就事业、成就人生作准备。

无数史实证明，中小学时期的教育对一个人的成长影响重大。基础阶段的教育必须顺应时代，着眼未来，从时代和社会对人才的要求出发，富有创新意识和超前眼光，通过卓有成效的教育教学活动，培养德智体美劳全面发展、身心健康和谐的一代新人。

而校长就要提升贯彻党的教育方针的自觉性，辩证地处理好工具理性和价值理性的关系，切实做到以人为本，为人的和谐发展而教育，为未来社会培养合格的建设者和现代公民，主动承担起"培养公民，乐育英才"的社会责任。正如陶行知先生所说："国家把整个的学校交给你，要你用整个的心去做整个的校长。"面对高考竞争的残酷现实，我们要对学生和家长负责，努力把优秀学生输送到高一级学校。但同时，校长心里装着高考却不能只有高考，教育最终关乎的是一个人的终身发展。置身于一个浮躁、急功近利的阶段，这样做很难。但作为校长，须从国家兴盛、民族复兴的高度，树立高远的教育理想和坚定的办学信念，砥砺强烈的社会责任感，深怀"办学不计一时功，教育要看十年后"的眼界、胸襟和气魄，认真地而不是敷衍地、全面地而不是片面地贯彻党的教育方针，真心实意地而不是虚情假意地、持之以恒地而不是虎头蛇尾地实施素质教育，也就是要深刻理解教育规律，老老实实按教育规律办事，让教育回归原点、回归本质。

多年来，苏州一中始终坚持育人为本，德育为先，认真学习实践老校友叶圣陶的德育思想，培育以"习惯养成"为中心的德育特色。叶圣陶德育思想最重要的内容，是对教育本质的深刻认识，即"为人生"而教育，教育就是培育良好的习惯。我们确立"为人的和谐发展而教育"的办学理念，加强德育实践，推进德育创新，为学生的一生发展奠思想之基、心理之基、品格之基。我们创新德育管理体制，下移管理重心，夯实一线管理，科学规划德育内容，持之以恒地开展"一周一个好习惯"等系列实践活动。我们组织全校师生开展大讨论，广泛研讨后形成了苏州一中学生应养成的十大好习惯。

感恩的习惯：珍爱生命，感恩一切。
诚信的习惯：诚实守信，明辨是非。
自信的习惯：悦纳自我，欣赏他人。
反思的习惯：自我反思，知错就改。
规划的习惯：生涯规划，凡事计划。
高效的习惯：惜时守时，效率优先。
运动的习惯：热爱运动，强身健体。
探究的习惯：自主学习，乐于探究。
合作的习惯：勇于担当，善于合作。
进取的习惯：追求卓越，止于至善。

我们要求每个学生根据自己的实际，对每项习惯进行内容诠释，结合自己平时的言行提出改进措施，定期自我反省，不断自我完善。同时积极开展班级文化建设，让学生学做班级的主人。每个班级结合班情展开讨论，解读十大习惯的内涵，制定全班养成十大好习惯的具体措施，并分阶段总结反馈。我们把这十大习惯融入常规管理，响亮地提出，通过若干年坚持不懈的努力，让从我校"圣陶苑"走出去的学生，都具有良好的做人习惯、学习习惯、锻炼习惯、审美习惯、生活习惯等。有了良好的习惯，才能成就美好的人生。

二、弘扬传统，传承文化

每个民族都有自己的教育传统，它是民族文化的积淀，是民族赖以延续发展的历史基础。同样地，每所学校都有自己的传统，它是学校文化的积淀，是学校品牌赖以形成的历史基础。

作为校长，应该具有开阔的文化视野和开放的文化气度，广泛吸收世界文明中一切先进的教育理念和思想营养，同时必须具有坚定的文化自信，立足本土，根植于民族教育思想的丰厚土壤，弘扬传统，传承文化，办富有中国特色的学校。在学校内部，校长应致力于发掘学校的悠久传统，培育鲜明的办学特色，打造响亮的学校品牌。这是在新的历史条件下，学习落实科学发展观的必然要求，是校长义不容辞的历史使命。

作为苏州一中的校长，我感到非常幸运的是，我们拥有一位民族传统教育思想的杰出代表人物叶圣陶！叶圣陶教育思想是20世纪中国社会变迁和教育改革，尤其是基础教育改革历程中形成的一种具有中国特色的现代教育思想，它内涵丰富，既根植于中国传统文化的深厚土壤，又富于现代教育理念，是"活的教育学"，对教育改革和发展具有不能替代的独特作用。温家宝同志曾先后四次直接或间接地引用叶圣陶的教育名言"教是为了不教"。2005年8月，他在安徽等地视察时指出："要坚持启发式教育，让学生学会动手动脑用心，善于独立思考、明辨是非、奋发向上，达到'教是为了不教'的目的。"同年9月在出席教师节表彰大会时，温家宝同志又强调："所谓教是为了不教，就是要使学生自己掌握学习的方法，提高创新的能力。只有这样，他们才可以离开教师，才可以超过教师，才可以成为人才。"2008年8月，他在国家科技教育领导小组会议上再次指出："我一直信奉这样一句话：'教是为了不教'。不在于老师是一个多么伟大的数学家或文学家，而是老师能给学生以启蒙教育，教他们学会思考问题，然后用他们自己的创造思维去学习，终身去学习。"2009年教师节前夕，在北京35中调研座谈会上，温家宝又谈道："'教是为了不教'，就是说要注重启发式教育，激发学生的学习兴趣，创造自由的环境，培养学生创新的思维，教会学生如何学习，不仅学会书本的东西，特别要学会书本以外的知识。"

温家宝同志引用叶圣陶的教育名言，让我们备受鼓舞，也启发良多。作为叶圣陶的母校，苏州一中多年来也一直自觉地以叶圣陶教育思想为工作指针，推动学校各项工作的深入开展。我们以叶圣陶教学思想为指导，培育以"教学合一"为中心内容的教学特色。叶圣陶教学思想的核心，阐明了现代教学的过程和本质，即"教是为了不教"，新课程的精神实质和其一脉相承。新课程的核心理念是促进人的全面发展，在教育过程中凸显学生的主体地位。而在叶圣陶教育思想中，人的地位也一贯崇高。叶圣陶曾经用通俗形象的比喻，表达了他对教育性质的观点。他坚决反对把学生当"瓶子"，把学生的脑袋当作知识的容器，机械地往里填。他认为这种"填鸭式"的方法，影响了学生的独立思考。他主张："必须使所学的东西融化在学生的思想、感情、行动里，学生的思想、感情、行动确实受到所学的东西的影响，才算真正有了成效。""办教育的确跟种庄稼相仿。受教育的人的确跟种子一样，全都是有生命的，能自己发育自己成长的；给他们充分的合适的条件，他们就能成为有用之才。所谓办教育，最主要的就是给受教育者提供充分的合适条件。"叶圣陶还引用丰子恺先生的漫画来阐述自己的理解。丰子恺有一幅题为"教育"的漫画，画了一个做泥人的师傅，一本正经地把一个个泥团往模子里按，模子里脱出来的泥人个个一模一样。叶圣陶认为，受教育的人绝非没有生命的泥团，谁要是像那个师傅一样，其失败是肯定无疑的。这些思想闪烁着杰出的现代教育理论光辉，是我们培养面向现代化、面向世界、面向未来的一代新人的宝贵指南，值得我们去深入体会并付诸实践。

几年来，我们着力于提高学生的自学能力，把依赖性的被动学习过程转化为主动性的自主学习、自我教育过程。围绕这一转变，我们不断组织学习、研讨、展示，统一思想，典型引路，推进"师生互动、有效教学"的课堂模式，倡导课堂教学的"黄金分割"法则，并把它纳入评课标准。在理念引领的同时强力推进,以多姿多彩的研讨课推动全校的示范课、优质课、精品课建设,使新课程得以扎实推进,教师教学理念有效提升,学生精神面貌和学习状态发生可喜变化。

我们体会到,教育改革是一项艰难复杂的系统工程,教学思想和教学理念的转变也是一个艰难痛苦的漫长过程,不可能一蹴而就,更不可能推倒重来,一切从零出发。我们要学习借鉴国外先进经验,但切不可淡忘本民族博大精深的教育思想。在当前这个关键时期,尤其要明白我们的教育从哪里来,要到哪里去。不同的民族,有不同的生活方式、文化传统、思维方式,也就决定了各自的教育方式甚至教育内容也不尽相同。随着东西方交流的频繁,东西方文化包括教育都在不断吸取对方的长处,但绝不应该全盘照抄,教育现代化绝不等同于教育西方化!我们要守住我们民族教育的根和魂,努力办好具有中国特色、中国风格、中国气派的民族教育。

三、革故鼎新,面向未来

教育现代化必须珍视民族优秀的教育传统,汲取前辈大师的精神营养,在前人的肩膀上实现新的跨越。但是,教育现代化却绝不会在一个早上悄然到来。它应该是一个痛苦的嬗变过程。因此,转型期的教育难办,校长难当。但是,有挑战就有机遇!唯其矛盾重重,才为有追求、有担当、有智慧的教育人留下大显身手、尽显本色的空间。

2007年是苏州一中的"百年校庆年"。那段日子,我们常常处于无比的激动和深刻的沉思之中。回眸百年历史,苏州一中培养出了以叶圣陶、顾颉刚、王伯祥、胡绳、顾廷龙、陆文夫等为代表的一大批文化英杰和22位两院院士。仰望校史上那一个个灿若星斗的名字,我们倍感责任重大和使命光荣。十年树木,百年树人。学校以育人为根本,以培养人才为己任。今天从我们身边走出去的学生,若干年后会是怎样的呢?相对于先贤,我们是来者;相对于后人,我们又能为校史留下什么?我们也幸逢一个伟大的时代。现代化浪潮波涛汹涌,教育从未像今天这样赢得全社会关注,学校从未像今天这样面临巨大机遇和挑战,传统和现代、保守和革新、妥协和冲突,在教育观、教学观、人才观、价值观等学校生活的各个层面都错综复杂地存在着。我们如何不辱使命，续写百年苏州一中的辉煌？

校庆给予我们最主要的启示是：必须正确认识和处理教育与社会的关系。教育应该服务社会，以优质的教育满足社会的要求；但同时，教育为社会服务，不应被动适应，而应主动协同，适度超前。苏州一中的百年历史告诉我们：只有用先进文化引领学校，学校才能繁荣兴旺。特别是校长，尤其应该富有前瞻意识，敏锐感知时代脉搏，呼应时代召唤，勇立潮头，把握先机，面向现代化，面向世界，面向未来，紧跟时代步伐，践行自身使命。学校不应亦步亦趋，做社会的传声筒，而要深刻认识社会发展趋势，在教育目的、教育思想、教育观念和教育方法等方方面面，勇于改革，敢为人先，革故除弊，大力创新，创造先进的制度文化、课程文化、社团文化、环境文化，形成良好的校园文化，为学生的成长和发展提供优良的文化氛围。

为此，我们牢固树立"为和谐发展而教育"的办学理念，持之以恒地锻铸学校品格，升华学校品质，提升学校品位，矢志不渝地打造学校的"园林风格、书院风范、名校风采"，不遗余力地培育学校鲜明的办学特色。学校有特色，学生才能有个性；学生今天有个性，明天才能会创造。我们在积极开展群众性体育活动的基础上，形成了以羽毛球、足球为代表的体育特色；广泛深入地开展创造教育，形成了以机器人为代表的科技创新特色；以美益德，以美益智，形成了以"百年昆曲走进百年一中"为代表的吴文化教育特色。确定"基础扎实，素质全面，身心和谐，习惯良好的现代栋梁之才"的培养目标，大力实施素质教育，全面提升学校的教育品格、科学品质、文化品位，以校风正、教风淳、学风浓、质量高而在国内外享有一定声誉。

百年校史也让我们更加从容淡定。评价一所学校成功与否，需要历史的长镜头。站在50年乃至100年的时间节点上回眸，才会真正看清。校长一定要保持平和的心态，不应好高骛远，而应脚踏实地，一步一个脚印；不应趋时媚俗，而应有目标，讲操守，耐得住寂寞，守得住气节；不应急功近利，头痛医头，脚痛医脚，而应立意高远，夯实根基；不应追求表面热闹，轰轰烈烈，而应春风化雨，润物无声。要做遵循教育规律的事，要做经得起时间和历史检验的事，要做打基础、利长远的事。校长也一定要摆正自己的位置，想透校长和学校的关系。校长生命有限，而教育事业永恒。百年名校，是学校成就校长。校长要全心全意地依赖教师，找到对教师的依恋感。没有教师团队的成功，再好的教育思想的种子也不可能发芽！校长要把先进的教育理念真正内化为每个教师的理念和行为，使之扎根于每一个团队成员的心中。校长不必抛头露面或事必躬亲，应该掌握全局，把握方向，与教师水乳交融，荣辱与共。

为此，我们努力建设和整合一种新的学校精神文化，让整个团队形成共同的奋斗目标、共同的价值取向、共同的行为规范。一个学校、一个年级组、一个学科组可能没有一流的大师，但可以也必须形成一流的团队，确立"己欲立而立人，己欲达而达人"的"忠道"精神。每个教研组成为教研集体才有集体智慧，每个年级组成为年级集体才有工作合力，每个班级成为班集体才会发挥其整体教育功能，我们着力强化教研组、年级组、班级组等"三组"建设，夯实管理基础，降低管理重心，努力追求"爱而不溺、严而不死、放而不乱"的管理风格。这样学校的发展或者学校的生命传承，才不会寄托在一两个"好校长"身上，学校的命脉也不会系于一两个好教师身上。

在社会急剧转型、改革日益深化、教育加速嬗变的今天，我们既要与时俱进，紧跟时代发展的潮流，也要传承传统，弘扬民族教育思想的精华，牢固树立并贯彻落实科学发展观，坚定不移地走有中国特色的教育改革之路，立足现实，放眼未来，为社会培养合格公民，为国家输送栋梁之才。

（江苏省苏州市第一中学　周春良）

2. 学习叶圣陶，创语文教学特色学校

> 要做到每个学生善于使用这个工具（说多数学生善于使用这个工具还不够），语文教学才算极大地为提高整个中华民族的科学文化水平尽了分内的责任。
>
> ——叶圣陶
>
> （摘自《叶圣陶教育文集》，人民教育出版社，1994年）

在全面推进素质教育的今天，国家和社会对培养新一代社会主义公民的知识综合能力和创新精神提出了新的要求。而小学语文是义务教育阶段的重要基础学科，也是日后学生学习、生活和服务社会的工具课程。

我校一直以语文教学为特色学科，在继承优秀传统的基础上，不断探索实践，取得了一定成果。在新形势下，我们仍将语文教学作为特色学科，进一步加强学习、探索、实践，以努力使叶圣陶语文教育思想的精髓发扬光大，并有力地推动素质教育的全面实施。

一、学科特色建设的具体目标

叶圣陶先生曾说，语文教学"要做到每个学生善于使用这个工具（说多数学生善于使用这个工具还不够），语文教学才算极大地为提高整个中华民族的科学文化水平尽了分内的责任"。如何尽这分内的责任呢？他认为要教给学生"真知"，培养学生的"真能"，以使学生"终身受用"。这对语文学科教育提出了明确的而且是非常高的要求。

遵循叶圣陶先生的这一要求，根据语文教学大纲规定的目标，我们提出的教学研究特色为"激发自学兴趣，拓宽训练渠道；注重读写结合，培养创

新能力"。具体地说，就是要努力按叶圣陶先生提出的"教是为了达到不需要教"的要求，发挥教师的主导和学生的主体作用，通过课堂教学和课外活动相结合、读和写相结合等途径，提高学生听、说、读、写的能力。在"写"的方面：一是要努力加强写字教学，并以此为我校学科特色建设的突破口；二是要加强写作的训练，我校的作文教学多年来已取得一定的成效，我们将以此为起点，继续努力，以期迈上新的台阶。

二、学科特色建设的实施途径

1. 务抓根本，"身教"为先，提高教师素质是实施学科特色建设的重要工作。

如果说每个学科教师的教对学科教育的质量起着决定性的作用，那么，语文学科的教师对学科质量，对学生素质的影响则更大、更显著，因为语文是一门具有强烈人文色彩的语言学科，语文教材的人文性内容以及听、说、读、写的训练项目，是与教师的教学行为密切相关的。

因此，要努力加强教师的学习培训与研究，促其学习叶圣陶先生的语文教育思想，学习《语文教学大纲》，做好学习摘记，撰写学习心得体会，并定期检查、交流。要继续抓好语文教研组、备课组的基本建设，明确教学工作的一系列规范要求，坚持集体教学研究，发挥群体的力量，提高备课质量和教学质量。

鼓励教师教学创造，在进行常规教学研究的基础上，确定自己教学研究的主攻方向，形成自己的教研专题。中心校及有课题的完小青年教师应每人都有研究课题，以努力成为科研型的教师。

2. 改革课堂教学，激发学习兴趣，注重习惯培养。课堂教学是素质教育的主阵地。在语文教学中，必须坚持按母语的学习规律开展语文教学活动，才能为培养高素质的人才发挥应有的作用。

为此，在语文课堂教学中要注重抓好以下环节：一是强化兴趣的激发。教师要尊重学生，注意保护他们的创新意识，努力以顺应时代的教学方法启发引导，以激发学生对母语学习的兴趣和对祖国语言文字的热爱。二是加强学习方法的指导，如教给学生听课、笔记、质疑、提问、朗读等方法，使他们在掌握语文知识的同时，提高自学的能力。三是注重良好习惯的养成。小学教学是学生行为习惯培养的重要阶段，在语文课堂教学中，要注意学生写字、读书、记诵、作文的良好习惯的培养。养成了这些方面的好习惯将使学生终身受益。四是重视品格、情感的教育。语文教学绝不是一个"纯认知"的过程，在这个过程中，教师要鼓励学生大胆质疑，不迷信，不轻信，善于思考，敢于发表见解，这有利于独立人格及意志的培养。而教材中的思想情感往往也能陶冶学生的情操，教师要善于抓契机，在语文教学的同时对学生进行思想教育。

3. 注重课内外教学的相通，拓宽训练渠道。语文教学的封闭性是造成语文教学低效率的重要原因之一，"大语文"教学观提倡的就是开放性的教学。为突破课堂和教材的束缚，我们注重课内外教学的相通，通过以下训练渠道，来提高学生的综合能力。

（1）在现有的基础上，继续做好各班级图书角，学校图书室、阅览室的建立和完善工作，使学生通过广泛的阅读，保证完成其至超额完成《语文教学大纲》所规定的各年级的阅读量，以达到开阔视野，积累知识的目的。

（2）开展丰富有趣的课内教学活动，如课前演讲、故事会、朗诵赛、辩论赛、课本剧表演、班级办报、读书评书、编校刊《学步》和《甪直新叶》，以及充分利用家乡的人文资源，进行社会调查，开展课外练笔等。

（3）学校开办的兴趣小组是课外读写训练的有效途径之一。要继续办好生生文学社、记者站、书法小组、阅读与写作小组等兴趣小组，并要继承叶圣陶先生的语文教改传统，结合新形势的要求，努力将兴趣小组办出自己的特色。

4. 结合"金牌行动计划"的实施，开展各种比赛，让学生在"参与"中不断提高。"金牌行动计划"的实施，可以激发学生的学习热情和增加竞争意识。只有让学生广泛参与，提高才不会成为一句空话。因此，我校将围绕上级教育部门的"金牌行动计划"，组织开展各种比赛。在语文教学方面，开展低年级拼音、说话比赛，中年级开展铅笔字、看图作文比赛，高年级开展朗诵、演讲、作文比赛，有效促进学生语文素质的提高。

5. 在作文教学中，我校继续努力按叶圣陶"作文与做人"相一致的原则去实践和探索，注重作文和做人、教育和行为的有机结合，引导学生观察生活，参与社会调查、参观访问等活动，让"诚实的自己的话"在笔下汩汩流淌，在培养作文能力的同时提高学生的思想认识。

今后，我们将进一步深化和拓展"语文教学特色"这个课题，不断发掘叶圣陶语文教育思想这一无尽宝库，与当前素质教育的核心——创新教育紧密结合起来，与现代教育理念紧密联系起来，为探索新时期的办学特色作出努力。

（江苏省苏州市叶圣陶实验小学　刘凤梅）

3. 他律化自律，习惯成自然

> 德育方面，要养成待人接物和对待工作的良好习惯；智育方面，要养成寻求知识和熟习技能的良好习惯；体育方面，要养成保护健康和促进健康的良好习惯。
>
> ——叶圣陶
>
> （摘自《叶圣陶教育文集》，人民教育出版社，1994年）

教育家叶圣陶先生说过"教育就是养成良好的习惯"。"少成若天性，习惯成天然"也说明养成教育在一个人的成长和学校教育教学工作中具有重要作用。事实上，成功与失败往往取决于习惯的不同。走进湖北省郧县第二中学的大门，首先映入眼帘的是"播下一个行为，你将收获一种习惯；播下一种习惯，你将收获一种性格；播下一种性格，你将收获一种命运"的巨大文化牌，由此能感受到学校对习惯养成教育的重视。几年来，由于初中毕业生的锐减，学校的生源无论在数量上，还是在质量上，都有大幅下降，不少学生的学习习惯和文明习惯较差，要让他们成才必须先从培养良好习惯开始。学校坚持以爱国主义教育为主线，以养成教育为途径，为学生搭建"自我认识、自我展示、自我教育、自我管理、自我发展"的平台，着力加强思想品德、行为规范、文明礼仪的教育，努力彰显"人人讲文明，人人讲公德，人人有个性，人人有发展"的育人特色，引导学生"向好、求好、做好"，培养学生良好的行为习惯。

他律，是指接受他人约束；自律，是指自我约束。自律是内因，他律是外因，外因通过内因起作用。"他律化自律"就是通过认知—践行—体验达到自律，使学生真正做到学会学习、学会创造、学会生活、学会做人、健全心理、完善自我。然而，良好习惯的形成并非一朝一夕之功，它需要学生长期努力，需要学校坚持不懈地督促引导。郧县第二中学在习惯养成教育上大胆探索，走出了一条成功之路。

一、认知——激发习惯养成

任何一种教育，只有被学生认可，才可能内化为情感和意志，外化为行为和习惯。对于学生的习惯养成，必须通过不厌其烦地宣传和发动，使学生在思想上统一认识，明确遵守这些行为规范的重要性和有效性，即心里知道在某一方面"我应该怎样做""为什么要这样做""这样做的好处""不这样做的后果"等。

1. 开展入学教育。高一入学军训是拓宽教育内容、提升学生素质的一项重要举措。学校始终坚持通过军训培养学生良好的习惯。每天早上训练整理内务，要求把被子、鞋子、洗漱用品等摆放得整齐有序，促使学生养成良好的行为习惯，提高自我管理能力，培养他们严于律己、一丝不苟的优良作风；白天通过站军姿、走军步、守军纪等行为动作养成训练，培养学生高度的集体荣誉感、严格的纪律观念和坚毅的品质；晚上通过多种形式学习《中学生守则》《郧县二中学生一日常规》《郧县二中安全规范》等文明习惯规范，熟知"什么时间做什么""怎么做"，使每个学生都有清晰的标准，行为上有规可依，做事心中有数，认清养成教育的必要性及重要性。

2. 召开主题班会。养成教育就是培养学生良好行为习惯的教育，它的目的是教会学生做人。活动中，各班结合班级学生的特点，开展"礼仪习惯""生活习惯""学习习惯"等主题教育，同学们畅所欲言，大胆地说出自己的好习惯和坏习惯，并用真情实感叙述好习惯给自己带来的快乐，介绍改掉坏习惯的方法。同学们进一步意识到好习惯对成长的重要作用。培育学生要从现在做起，注重点滴积累，不断增强其养成好习惯的信心。

3. 建立班级规范。学生的主要活动场地是教室，各种习惯都会在教室里表现出来，因此，班规的约束和同学之间的监督对习惯的养成尤为重要。根据每个班学生的兴趣、特长与发展方向，班主任与学生一起制定班训、班规，确立共同的奋斗目标和奋斗誓言，并作为口号在课前集体宣誓，进行自我激励；开办学习园地、举办各种活动来营造积极向上的班级文化，为好习惯提供展示的平台,让坏习惯自惭形秽、逃之夭夭。让教育不再仅限于以书本为中心,而是拓展到更为本质的道德与人格教育,把生活作为教育的源泉,把教育作为生活本身。

4. 争取家长配合。在教育过程中,教师与家长紧密配合,互通信息。学校通过短信平台和致家长的一封信与家长保持沟通畅通,及时召开家长会,互相了解学生在学校和家庭中的行为习惯,有针对性地制订教育方案,共同做好引导、监督。对好的行为习惯及时褒奖,鼓励他们持之以恒,发扬光大;对不好的习惯制订改正方案,并监督落实。

二、践行——催生习惯养成

要养成一种好习惯,必须多次重复,不断在实践中训练。一个行为经过21天的重复才能根植到大脑内,并固定下来成为习惯。

1. 开展专项训练培养习惯。开展习惯养成周活动,通过专项训练,将一个行为多次重复并固定下来,使被动遵守变为自觉行为。一是举办行为规范养成周活动,培养守纪习惯;二是举办文明礼仪养成周活动,培养礼仪习惯;三是举办学习习惯养成周活动,培养学习习惯;四是举办安全健康普法周活动,培养安全习惯。

2. 举办"文明礼仪伴我行"系列活动。组织开展"文明在我身边演讲比赛""文明礼仪征文比赛""文明一瞬间摄影作品展""告别陋习,相伴文明签名仪式"等主题教育活动。活动中,通过典型引路、氛围营造,发挥示范与潜移默化的作用。在"我与无烟环境"征文大赛中喻斌同学获国家级三等奖,在全县举办的"文明礼仪伴我行·中华魂"演讲大赛中我校连续两年获优秀组织奖。这些活动的成功开展,大大提高了学生的文明素养,进一步优化了育人环境,增强了广大师生"立文明之观,行文明之事,做文明之人,传文明之风"的意识。

3. 大力宣讲社会主义核心价值体系。将社会主义核心价值体系融入"文明礼仪从我做起""民族精神代代传""公民道德实践"等系列主题教育,开展"文明志愿者"活动,定期组织"法制报告会""青少年不良行为矫正讲座""十八岁成人宣誓仪式""爱惜生命,远离毒品""崇尚科学,反对邪教"等习惯养成教育活动,引导学生增强法纪意识,增强社会责任感,养成良好的生活习惯。

三、体验——推动习惯养成

苏霍姆林斯基说:"道德准则,只有当它们被学生自己追求、获得和亲身体验过的时候,只有当它们变成学生独立的个人信念的时候,才能真正成为学生的精神财富。"在体验方面,我国著名教育家陶行知先生非常提倡在实践体验中培养习惯。我校积极探索"体验式"习惯养成教育,学生通过自我体验、自我反思、自我教育实现自我提升。每学期评选一次班级"十星学生"(即文明星、礼仪星、孝敬星、才艺星、诚信星、团结星、学习星、勤俭星、劳动星、环保星)和校级"十星学生",大力宣讲习惯养成中的亲身体验,感染更多的学生积极行动。

1. 体验中强化习惯养成。要让学生更准确地了解习惯对自己、对他人的好处,体验是行之有效的途径。在体验中培养习惯,就是让学生体验到好习惯带来的成就,不良习惯带来的后果。影响学生一生的诸如诚信、乐观、坚强、宽容、合作、爱心、责任等好品质、好习惯,只有让学生在与家庭、学校、社会、自然的多角度、多向的交流互动中不断实践、体验,才能真正内化。

一是让学生在家庭中体验。让学生做洗衣、收拾房间、整理书包等力所能及的事,承担自己应该承担的责任,使孩子懂得"自己的事情自己做",懂得孝敬父母、关爱他人的道理,学会为父母分忧、生活自理。

二是让学生在学校中体验。习惯养成的过程是实践。通过"文明志愿者"行动、值周活动、到福利院做义工等,让学生体验帮助他人、维护秩序、义务劳动的意义,获得文明守纪、服务别人的真实感受,明白尊敬老师、与同学和谐相处的道理,养成热爱学习的品质,学会自主学习、自我管理的本领。

三是让学生在社会生活中体验。"生活即教育,社会即学校","教、学、做合一",是教育家陶行知的重要教育思想。假期时,安排学生参加丰富多彩的社会实践活动,如当一天工人、农民、售货员、保洁员或随父母到工作单位全程工作一天,使其获得服务他人、服务社会的真实感受,明白"做一名合格公民"应具备什么素质,养成文明礼貌、团结互助、诚实守信、遵纪守法、珍惜劳动成果的习惯。

四是让学生在大自然中体验。"大自然是一本书，不阅读大自然这本书的教育不是完整的教育。"结合学生所学的地理、生物和其他学科知识，组织学生到广阔的大自然中去探秘、野营、郊游、登山、远足等，使其亲近大自然，了解大自然，感受自然界的和谐，培养爱祖国、爱家乡的美好情感，养成保护环境的良好习惯。

2. 体验中巩固习惯养成。荀子说："不闻不若闻之，闻之不若见之，见之不若知之，知之不若行之。"教育不是说出来的，是做出来的，实践出真知。为了给学生搭建"自我展示、自我管理、自我发展"的平台，学校推行"班级值周"制度，让学生在体验中强化习惯养成。干净靓丽的校园、书声琅琅的学习氛围、礼貌亲切的问候，是学校坚持多年的"班级值周"所取得的硕果，是学生自我实践、自我管理的见证。"班级值周"是以班级为主体，全员参与、自我约束、自我教育、全程督察的管理新模式，分为"日常督察值周班"和"卫生值周班"。值周班学生均挂牌上岗，每周四下午由德育处组织培训后轮换上岗。在值周过程中，德育处实行动态管理。值周班班主任是第一责任人，全面负责安排检查各个工作环节的落实情况。学校领导值日，进行督察通报。"卫生值周班"负责全校一周的卫生清扫和保持；"日常督察值周班"负责督察评价学生的日常行为规范，分为治安组、纪律督察组、卫生组、文明礼仪组等，全天全时段对全校学生的学习、文明、纪律、卫生、三操、自习等情况进行检查与评价，一天一通报，一周一汇总，每周一升旗时公布上周督察结果，向年级前三名的班级颁发"流动红旗"，同时宣布对值周班的评价等次，所有评价结果均与班级考核和班主任量化考评挂钩，并纳入学生社会实践活动考核范围。在值周过程中，每位学生既参与了学校管理实践，又在监督和评价别人。学生在管理中学会了换位思考，在监督中学会了自律和率先垂范，在评价中学会了协调和尊重，在活动中提高了能力、学会了自强，在体验中进一步强化了习惯养成，促进了全校师生良好习惯的养成。

四、自律——内化习惯养成

教育者强权管理学生，远不如教会学生管理自己。尊重学生，信任学生，让学生学会自己承担责任，这就是自律。自律有高度的自觉性，是对习惯规范、道德规范、各种法纪的自觉认知，并已形成内在的价值观念，是在没有外在的监督约束下的一种自觉主动行为。当他律内化成了自律，习惯就成了自然。

1. 持之以恒的监督。习惯的养成非一日之功，人都有惰性，在习惯养成过程中出现反复也是难免的。因此，建立一套严格的检查制度，长期督促、引导，是保障学生良好习惯养成的关键。我校建立了一套具有自己特色的监督机制，形成了"校长—中层干部—班主任—学生干部—学生"金字塔式的管理结构，通过四级值日（即校长值月—中层干部值周—校长、中层干部、班主任值日—日常值周班和"文明志愿者"）全天24小时巡查在校园，层层检查，逐级落实，做到及时发现，及时提醒纠正，实现了处处有人查，定时有人查，时时有抽查，检查有密度、有力度，消除学生的侥幸与松懈心理，久而久之，好习惯就变成了自觉行为。

2. 无处不在的提醒。校园环境与文化建设在习惯养成中具有潜在性、渗透性和感染性的特点，能产生一种无声胜有声、滴水穿石的警示作用。如校园的巧妙布局、建筑的不同风格、整洁的环境、树木的挺拔向上、随处可见的名言警句和温馨提示、奋发向上的班级文化、温馨和谐的寝室文化、赏心愉悦的饮食文化，都能随时随处直击学生视野，时时警示每一个人，在不知不觉中起到"润物无声，春风化雨"的作用。通过这些日积月累的积淀，学生优秀的道德品质、良好的行为习惯乃至高尚的人格、情操，在潜移默化中就逐渐形成了。

3. 反思内化成自觉。习惯的养成需要不断反思，不断修正，这样才能目标坚定地走向成功。坚持让学生每晚睡前反思一天行为，周日反省一周行为，月末反省一月行为，并指导学生做好记录。每月召开一次主题班会，让学生进行自我剖析，互相提醒，及时调整方向。教师找出每位学生的闪光点，给予鼓励、表扬、晋级，让他们通过积累一次次的小成功，信心百倍地去争取更大的成功。

（湖北省郧县第二中学　谭家学）

4. 三三式，引领教师专业发展

教育工作者的全部工作就是为人师表。

——叶圣陶

（摘自《叶圣陶教育文集》，人民教育出版社，1994年）

"一个学校的教师都能为人师表，有好的品德，就会影响学生，带动学生，使整个学校形成一个好校风，这样就有利于学生的德、智、体全面发展，对学生的成长大有益处。"在著名教育家、老校友叶圣陶先生的影响下，苏州一中近年来确立"以人为本，科研兴校"的办学思想，坚持以实际问题为中心，着眼于对实际问题的解决和研究成果的实际运用，采取有力措施，大兴科研之风，学校的教科研工作和教师队伍建设都取得了显著成绩。

在实践和研究中，学校逐步理清了教育科研的工作思路。概括地说，就是坚持"三个结合"，确立"三个服务"，着力"三个提升"。"三个结合"是坚持理论和实践相结合，普及和提高相结合，服务近期教育教学工作和服务教师长期发展相结合。"三个服务"是为教育教学服务，为教师发展服务，为学校发展服务。"三个提升"是提升教育科研水平，提升教师教育素养，提升学校办学品位。学校的工作重点，就是着眼于教师的专业发展、素质提升，努力推进教育科研工作和教育教学实践的紧密结合，使教育科研成为学校发展的内在推动力。

健全管理机制，强化行政推动。通过建立健全教育科研管理和激励机制，进一步从制度上激发教师参与教育科研活动的积极性。在广泛调查研究的基础上，学校对原来的管理章程进行充实和调整，出台了《苏州市第一中学教育科研管理条例》（试行），提出科研强师、科研兴校，对学校各个层面都提出了加强教育科研工作的相关要求，并且加大了对教育科研成果的奖励力度。通过制度和机制强化行政推动，推动教科研队伍建设，培养教科研骨干。学校领导带头参加教育科研，积极鼓励和支持老师参加教育工作。对教科研骨干政治上关心，业务上督促，热情培养，大胆任用。

拓展科研内容，创新科研方法。几年来，学校不断拓展研究内容和创新研究方法，力求改变课题研究的沉重面孔和呆板程式。举办主题学术沙龙，进一步创设科研情境，浓郁学术氛围，营造一种宽松和谐的科研环境，提高教师的研究热情。"教育与人生""呵护心灵""孩子，我看着你长大""与新课改一路同行"等教育主题沙龙，受到了老师们的欢迎，取得了良好的效果和反响。开展"青年教师发展需求问卷调查"，通过精心设计问卷，从青年教师的工作状态、精神需求、职业认同、发展意识、科研意识等多个方面提出问题，调查问卷覆盖到35周岁以下的全体青年教师。在充分调研的基础上，学校组织人员撰写了《青年教师发展需求问卷调查报告》，并送发相关部门参考。成立教育科研骨干教师研修班，利用寒暑假开展读书活动，为壮大学校名师队伍建立培养基地。

一、教师专业发展意识不断加强

课题研究的过程，就是教师专业发展的过程。

首先，是学习的过程。学校的"叶圣陶教育思想的文化积淀和当代价值"子课题组成员，认真研读叶圣陶原著，研读相关研究著作，走近原汁原味的叶圣陶。大家认识到，叶圣陶教育思想是在20世纪我国社会变迁和教育改革尤其是基础教育改革历程中形成的一种具有中国特色的现代教育思想，它具有巨大的普适意义、重要的当代价值和鲜明的民族风格。叶圣陶的教育改革思想、以人为本思想、教为不教思想、养成习惯思想、创新教育思想、教师发展思想等，对我们今天的教育改革，具有重要的意义。汲取借鉴叶圣陶教育思想，用以指导教师的专业化水平提升，促进教师的专业发展，有助于学校丰富教育素养，更新教育观念，优化教育行为，升华教育境界，提升办学品格。

其次，是实践的过程。基层学校的课题研究，不能脱离教育教学实践。学校教育科研的生命，在鲜活的教育教学实践中。因此，学校每学期都要求课题组组织课题开课，并且提出具体要求，要有研究目标，有理论构想，有课后总结反思，既从理论上加深理解，又在实践中内化素质。通过课题研究，带队伍，出人才，出成果。学校开展课题研究的原则是：贴近教育教学实际，不搞"空中楼阁"；做到"问题就是课题"；课题从实践中来，带着问题去研究，在研究中解决问题；为教师专业发展而搞课题研究，通过课题研究促进教师发展，最终落实在提高办学质量和办学品位上。

再次，是不断反思的过程，是不断成长的过程，是教师专业化水平不断提升的过程。在研究过程中，学校一直不断鼓励老师写教育叙事，反思自己的教学行为，总结自己的教学经验。只有不断反思，才能保证课题研究工作紧贴教育教学实际，紧贴教师专业发展实际，才能不断深化教师对教育的理解，促进教师对教育的认识，提升教师的专业化水平，推动学校的教育教学工作。因此，各课题组在设计工作方案时，都服从服务于教师的发展和成长。"叶圣陶阅读教学思想研究"课题组，力求把叶圣陶的引导自学思想和新课程改革的时代背景结合起来思考，大家认识到：引导自学思想中也包含着现代教育思想的萌芽，"突出学生主体地位""对话理论"中也有"引导自学"思想的因子。

二、教师队伍建设成绩显著

扎扎实实的教育科研工作，有力地推动了教师队伍建设，推动了教师的专业发展，一批骨干教师和名师正在迅速成长。学校在叶圣陶教育思想研究方面走在了全国全省的前列，学校被挂牌命名为"苏州市叶圣陶教育思想研究中心"，成为研究叶圣陶教育思想的重要基地。创新教育课题的研究，促进了学校创新教育的开展，为学校营造了一种爱科学、爱创造的良好氛围，很多同学积极参加发明创造竞赛。近年来，有多项小发明在各级各类竞赛中获奖，如在全国青少年"机器人"大赛中，学校的选手多次获得冠军。心理课题的研究，影响了一批对心理教育有兴趣、有热情的教师队伍。

三、学校发展水平全面提升

近年来，学校坚持"为和谐发展而教育"的办学理念，以敢为人先、率先发展的精神状态和求真务实、雷厉风行的工作作风，向着国内一流名校强校的目标迈进，教育改革不断深化，学校规模日益扩大，办学层次显著提升，办学效益逐步凸现。学校坚持科研兴校，丰富内涵，强化素质，不断提升办学的品格、品质和品位。教育科研工作在学校发展中发挥了应有作用。

学校党委承担的苏州市教育规划办重点课题——"学校党组织如何拓宽领域强化功能扩大党的工作覆盖面研究"，在学校党建工作方面做了许多积极有益的探索，如"叶圣陶教育思想与当代师表风范"课题组，积极探讨在21世纪新的背景下，如何为叶圣陶"师德师表"思想赋予新的时代内涵。通过"班主任之星""教师风采报告""主题活动沙龙"等多种形式，着力提升教师尤其是青年教师的师德素养。

近年来，学校优秀的教师群体赢得了广泛的社会声誉。"新的教育形势下中学生心理发展的导引"课题组，开展各种类型的心理讲座和团队辅导，开展个体心理咨询，预防和矫正部分学生的心理问题；利用先进的网络手段，开展网络心理辅导工作；开展教师培训，全方位渗透对学生心理发展的导引工作；积极营造良好的校园文化氛围，提高学生的审美情趣，有效地促进了学生的健康成长。"新课程背景下的学科教学研究"课题组，认真学习研究新课程精神，积极探索新课程背景下的学科教学，研讨制定《苏州市第一中学学生成长记录评价手册》《苏州市第一中学学生学业发展评价手册》《苏州市第一中学学生学期综合素质评价表》等，并为每位学生建立成长记录袋，从而为新课程的科学管理和规范操作提供制度上的保证。学校积极营造有利于学生自主学习的课程实施环境，努力使课堂变为学堂，充分发挥学生的主体作用；以课题研究促进课改，使全体教师成为新课程的开发者、建设者，从而日益丰富和优化学校的教学过程、师生评价机制和管理体制。

（柏先红　整理）

教书与育人

1. 用爱心拨动孩子的"心弦"

> 我如果当小学教师,决不将投到学校里来的儿童认作讨厌的小家伙,惹人心烦的小魔王;无论聪明的、愚蠢的、干净的、肮脏的,我都要称他们为"小朋友"……小朋友的成长和进步是我的欢快;小朋友的羸弱和拙钝是我的忧虑。有了欢快,我将永远保持它;有了忧虑,我将设法消除它。
>
> ——叶圣陶
>
> (摘自《如果我当教师》,教育科学出版社,2012年)

读完《如果我当教师》一书,我深深地感到叶圣陶先生是一个对学生充满爱心的人。我想,正是有了这份爱心和责任心作为基础,才使他成了一位受人尊敬、爱戴的伟大教育家。

一、叶圣陶爱的教育

在这本书里,叶圣陶谈到了自己如果是教师,当小朋友顽皮的时候,或者做功课显得很愚笨的时候,他决不举起手来,在学生的身体上打一下。他说:"打了一下,那痛的感觉至多几分钟就消失了;就是打重了,使他们身体上起了红肿，隔一两天也就没有痕迹；这似乎没有多大关系。然而这一下不只是打了他们的身体，同时也打了他们的自尊心；身体上的痛或红肿，固然不久就会消失，而自尊心所受到的损伤，却是永远不会磨灭的。"他还进一步说："我有什么权利损伤他们的自尊心呢？并且，当我打他们的时候，我的面目一定很难看，我的举动一定显得很粗暴，如果有一面镜子在前面，也许自己看了也会嫌得可厌。我是一个好好的人，又怎么能对他们有这种可厌的表现呢？一有这种可厌的表现，以前的努力不是根本白费了吗？以后的努力不将不产生效果吗？这样想的时候，我的手再也举不起来了。"

学生的顽皮和愚笨，总是有一个或多个的缘由；根据他的经验，观察和剖析后找出缘由，加以对症的治疗，还会有一个顽皮的愚笨的小朋友在周围吗？这样想的时候，他即使感情冲动到怒不可遏的程度，也会立刻心平气和下来，再不想用打一下的手段来出气了。

因此，在平时的工作中，面对一小部分或品德不良，或学习习惯差，我们常称之为"后进生"的学生，我总是努力把爱的阳光洒向他们，用爱的甘露滋润他们，让他们在感受师爱中取得进步。

二、我的教育实践

1. 用爱心去捕捉孩子的闪光点。

午间批改作业的时候，看着小燕本子上满篇的"×"，我在心里告诉自己：一定要帮助她，提高她，这是考验自己的时候。我死盯着那些鲜红又刺眼的"×"，突然眼睛一亮：虽然她全做错了，但却都抄对了。我决定以此对她进行鼓励。上课了，我拿着奖品——一支铅笔走进教室，对同学们说："这次作业，有些同学不细心，把题目都抄错了，有的甚至抄错了两三道题。小燕虽然一道题都没有做对，但她一道题都没有抄错，这说明她是细心的，认真的。只要认真、仔细，我相信她以后一定能学得很好，成绩一定会好起来的。今天，老师要奖励她一支铅笔，希望她好好学习，也希望大家都来帮助她。"小燕红着脸，战战兢兢地接过铅笔。此时，教室里响起了热烈的掌声。那节课，她听得十分认真：没有向外张望，没有在下面玩东西，也没有睡觉……总之，那支铅笔起了很大的作用。后来，她经常主动来找我补课。我真是欣喜若狂。有一次，她又来到办公室，我照例给她讲题目，然后叫她试着自己做。做着做着，她的笔突然断了。在她打开文具盒拿小刀时，我发现了我奖励给她的那支铅笔。我很惊讶："这么久了你怎么没有用呀？""我舍不得用，因为我现在的成绩很差，等到以后我成绩好了再用它。"她说完，继续削笔。我的眼睛湿润了。后来，我对她更加重视了。

2. 用爱心去包容孩子的缺点。

我班的小通是一位非常调皮的学生，学习较差，还经常打架。一次，我开班主任会议回来，刚进教室，同学们就告诉我，小通打哭了班上的四个同学。我当时非常生气，可又有开会的事要向同学们讲，就跟他说："你先等着，我一会儿找你。"下课后我把他叫到办公室，本来想大发一通火，可转念一想，以前发了火也没有多大效果，今天换一种方式吧。我顺手拿过一张凳子放在他面前说："坐下吧。"他愣了一下，然后慢慢地坐下了，而且只坐了凳子面的一半。我看他有些紧张，就拍拍他的肩膀说："没关系，坐吧。"他这才坐好了。我亲切地和他说起了家常话："你家住在哪儿？爸爸妈妈干什么工作？中午在学校能吃饱吗？"正巧他那天穿着一套武术队的运动服，我就问："你学过武术吗？"他点点头。我又问："学了几年了？""学了三年了。""那你学武术是为了什么？""为了锻炼身体。""那你好好练，等下一次学校举行艺术表演，请你代表我们班来一套武术表演，怎么样？"他的脸上终于露出了笑容，干脆地说："行。"看他高兴的样子，我接着问："那你告诉老师今天是怎么回事？"没等我的话说完，他就说："老师，是我的错。我上课离位扔废纸，他们说老师不让上课扔，等下课再扔，我就打了他们。老师，我错了。"我说："知道错了就好，一会儿向那几位同学道个歉，好不好？"他连忙说："好。"临走时，他把凳子轻轻地放在桌子下面，还说了一声"谢谢老师"。在以后的几天里，我发现他的学习、纪律都有了很大的进步，我庆幸自己那天没有发火。我觉得学生最关心的是教师对他的看法如何，最大的愿望是受老师的关心和喜爱。当我们面对学生时，尤其是那些似乎充满缺点的学生时，如果能尽量发现他们的优点，然后真诚地、慷慨地去赞赏他们，就会激发他们内心深处的希望和信心，促其奋发向上。

3. 用爱心去点燃孩子的希望之火。

一次测验后,我发现小坤考试时竟然一道题都没有答对。我感到非常气愤,不假思索地在试卷上画上一个大大的"0",但又觉得似乎不妥,便在上面写了这样一句话:"希望你从零开始,获取知识和智慧,取得好成绩。"我万万没料到,就是这样一句话,竟使一个成绩经常红灯高挂的学生燃起了希望之火。从此以后,这个学生开始做到不懂多问,认真学习,积极思考。他通过不懈努力,成绩直线上升。他激动地对我说:"老师,那一次考试你给我的鼓励和鞭策,我永远不会忘记,是你给了我自尊和自信,让我找回了自我。"

人不可能尽善尽美,都或多或少地存在一些不足和缺陷。我们没有理由苛求孩子从不犯错误。面对正在成长的孩子,我们既不能以不屑一顾的神情嘲笑他们,也不能体罚和变相体罚他们。他们需要关爱,更需要尊重。一个懂得尊重学生的老师一定要以平等的心态、平静的心境对待学生,建立一种平等和谐的朋友式的师生关系。

4. 用爱心架起师生沟通的桥梁。

开学初,我班转来一名外地籍女生。我一看她两眼暗淡无光,表情木讷,心中一股怨气陡然而生,心想,她肯定学习不好,将会影响我班的教学成绩。为测试她的知识基础,我出了一个较简单的问题让她回答,结果她没反应,紧接着我又以一个更简单的问题提问她,结果这个小女孩还是不出声。我一下火冒三丈,大声说:"你什么都不说,一个劲地摇头,那你来我班干吗呢?"教室里鸦雀无声,我说:"谁帮她回答?"可还是没有人出声。孩子们被我这突如其来的举动惊呆了。望着那小女孩眼里滚动着的晶莹泪花,和一张张慑于我的震怒而紧张的面孔,我的心猛地一颤,我后悔了。高压之下,草木难萌,难道这样就解决问题了吗?根据布鲁诺的动机原则,学生的外来动机作用比较短暂,只有内在动机,才起长效作用。因此,我必须改变学生上课回答问题正确,就简单表扬,错了就一味批评的教育态度。每次上课时,如有同学回答完整而且洪亮,我就向他微笑,给予肯定。如有同学胆小,说话断断续续,我就向他投以支持、肯定的目光,表示相信他能行。

叶圣陶先生说:"教训对于儿童,冷酷而疏远;感情对于儿童,却有共鸣似的作用。所以谆谆告语不如使之自化。"

夏丏尊先生说过，教育如果没有爱，就等于无水之地，爱是教育的基础，没有爱就没有教育，为师爱生是天职。我国特级教师斯霞也说过："工人不爱机器怎能做好工？农民不爱土地怎能种好地？教师不爱学生怎能教育好学生？谁不爱学生，谁就不能做他们真正的教师。"我们应充满爱心，真诚地帮助那些"后进生"，让学生在老师的不断提醒和激励中快乐成长。我们也会在工作中收获更多的快乐！

（山东省肥城市桃园镇中心小学　李正强）

2. 面对犯错的学生

　　小朋友在犯错的时候，或者做功课显得很愚笨的时候，我决不举起手来，在他们身上打一下。打了一下，那痛的感觉至多几分钟就消失了；就是打重了，使他们身体上起了红肿，隔一两天也就没有痕迹；这似乎没有多大关系。然而这一下不只是打了他们的身体，同时也打了他们的自尊心……我有什么权利损伤他们的自尊心呢？

——叶圣陶

（摘自《叶圣陶教育名篇》，内蒙古大学出版社，2009年）

　　读着叶圣陶先生的名言，我激动万分，进而又反思起自己平时的教育方式，脑海中回忆起一幕一幕，其中有失败的苦涩，也有教育成功的欢喜与甜蜜，尤其是一则案例的巧妙处理。

一、案例回放

　　进入高三下学期，我们每天进行一科的小测验。每当来到教室，看到学生个个埋头沉思、奋笔疾书的样子，我在心底都有一种说不出的喜悦：看，学生们多认真呀！这样下去，相信他们一定都会取得进步！可是好景不长，过了不到一周，科任老师们便纷纷来找我"告状"了："张老师，咱班的考风太不好了，作弊现象严重！你看一下小良的成绩，他可是个学习中游的同学，这次考试通过作弊，竟然考了个优秀的成绩，太不像话了！另外，还有小玉、小童……"听了老师们的反映，我的怒火"蹭"地一下冲到了脑门。趁着一节自习课刚开始的几分钟，我对全班同学大发雷霆，严明了纪律：以后的每次测验必须独立自主完成。如果让我捉到一次作弊，立即停课并请家长到校！

学生们个个正襟危坐，吓得连大气都不敢喘。对于自己这一初战告捷的成果，我很是得意，以为一下子找到了根治作弊的灵丹妙药。

没想到第二天考英语的时候，我突然发现老师们集中反映有作弊问题的小良正低着头翻看着什么。他在作弊！我"嚯"地从座位上站起来，大踏步向小良走去，随时准备着火山爆发，朝他怒吼一通，接着严肃处理。很显然，小良也注意到了我的举动，手伸进桌洞里，一动也不敢动，脸涨得通红，低着头，用眼睛的余光盯着我，目光里充满了恐惧和不安。一瞬间，我突然改变了主意：小良是个很内向且要强的孩子，我怎么能不顾他的自尊在全班同学面前让他无地自容呢？同时，我脑海中浮现出一句话："面对犯错误的学生，不要急于表现得不耐烦，甚至粗暴。要记住，他们的错误，总有一个或多个的缘由。要从观察和剖析中找出缘由，加以对症的治疗，才能逐渐培养出日益合格的人才。"（叶圣陶语）于是，我当作什么事也没发生，只是在教室里走了一圈，重新回到了讲台上，轻轻地说："同学们做题的时候，一定要投入，要专心，一心不可二用。否则的话，什么也做不好。"这时，我注意到小良的眼睛里有泪花在闪动。

两天后的一个课间，小良来到办公室，愧疚地对我说："老师，那天我做错了。谢谢您当时给我留了尊严。您知道吗，您看我的那一瞬间，我在心底就作出了一个决定：如果你在班内批评我，然后让我家长到校，我就退学，不参加高考了！"我心里一惊，庆幸当时没有做出鲁莽的行动来。我让他坐在我的对面，和颜悦色地问他："你既然知道作弊不对，为什么又要这样做呢？"他支吾了半天才说出一句话："我想让家长看到我的进步，我也想通过考试来找到信心。""你有这个想法本身是好的，这说明你很有上进心，不甘人后。但细想一下，你这样做有什么实质意义吗？一旦到了真正考试的时候，你就没有了作弊的机会，你那时的成绩不是会让家长更伤心吗？你那时还会有信心吗？始终不肯面对，自欺欺人，最终你会取得任何进步吗？与其那样，不如平时踏踏实实地学，认真严肃地对待每一次测验，发挥出自己的最高水平就可以了。等老师讲评试卷的时候，认真听那些你在考场上不会做的题目，真正把它们弄明白，对你来说就会有一个很大幅度的提高。长期坚持下去，相信你一定可以让家长看到你真正意义上的进步！你说对吗？"小良重重地点了点头:"老师,我懂了!谢谢您!"看着他轻松远去的背影,我心头的一颗大石头也终于落了地。随后,我在班里召开了一次主题为"我如何看待考试作弊现象"的班会。同学们踊跃发言,谈了作弊的种种危害,纷纷表示要摒弃侥幸心理,端正态度,全力以赴,确保每次都考出一个货真价实的成绩。

从那以后,班级的学风、考风焕然一新,我是看在眼里,喜在心头,相信在这种学风的感召下,我班学生的成绩会百尺竿头,更进一步;在这种考风的熏陶中,我班学生会在不久后的高考中披荆斩棘,笑傲考场!

二、案例反思

通过这则案例,我认识到批评的目的是为了帮助学生认错,知错,少犯错误乃至不犯错,班主任不能为了发泄心中的怨气而斥责学生,甚至夸大其词,危言耸听地伤害学生。此外,面对犯错的学生,批评不仅要讲究艺术,更要注重实际效果。在教育过程中,要客观地评价事情,宽容地对待学生。这样一来,即使感情冲动到怒不可遏的地步,也会立刻转为心平气和,再也不会想用训斥或者打一下的手段来出气了。通过教育,要让犯错的学生找到问题的根源,心平气和地接受老师的意见,承担应有的责任,达到润物无声的教育效果。

(山东省济南市历城第二中学　张海央)

3. 三招培养学生的良好习惯

在学校里受教育，目的在养成习惯，增强能力。

——叶圣陶

（摘自《如果我当教师》，教育科学出版社，2012年）

教育是什么？叶圣陶认为，"简单一句话，就是要养成良好的习惯"。习惯成自然，最后就具有了某种能力。国内外教学研究统计资料表明，对于大多数学生来说，学习的好坏，20%与智力因素有关，80%与非智力因素有关。而在信心、意志、习惯、兴趣、性格等主要非智力因素中，习惯又占有重要地位。因此，培养良好的学习习惯，有助于达到良好的学习效果。中学学科众多，各个学科各有特色，学习习惯也不尽相同。但是，还是有许多共通之处吧？作为班主任，我们应从初一开始，就有意识地培养学生形成一些有益于学习的习惯，比如预习、认真听课、做笔记、善于思考、复习、学会总结等。问题是怎样培养这些好习惯呢？我结合自己教育教学过程中的一些做法和想法，和大家一起探讨下。

一、利用合适的时机介绍、培养习惯

比如初一新生刚入校的时候，肯定会对初中生活既充满好奇，又有些紧张，同时肯定会希望在新的环境里有所作为。这时我们老师都会介绍初中和小学的差异。此时，我觉得是介绍良好的利于初中学习的习惯的最佳时机。接下来，可以利用壁报、家长会、一个月后的小结、周记等形式强化好习惯的培养，并可以通过表扬个别学生来刺激其他同学模仿学习。

每学期开学的时候，我们都会做新学期展望。我在跟全班同学讨论形成班级新的目标的时候，也以此为参照，让同学根据自身的情况制定新学期的目标，同时，将大目标细化为每个月的小目标，制订具体的计划。每个月结束后，我们会要求，对照计划看完成了哪些，作一番总结，把好的习惯坚持下去。

二、持之以恒并有意识、有计划地训练

一个习惯的养成不是一朝一夕的事情，它需要长期的坚持训练，但一旦养成，就可以根深蒂固。比如，我们语文学科中古文的释义背起来颇花工夫。我觉得学会联想、养成举一反三的习惯有利于记诵古文中的词义。所以，从初一开始，我每教一篇古文，碰到同一个词的出现，都会回忆之前它出现的地方，并再作解释，同时强调，这样做的目的是巩固古文词义的掌握，有利于今后的学习。渐渐地，学生形成了条件反射，现在基本上只要我问某个词在哪篇课文里有同样的解释，他们就会展开联想，从而巩固、加深印象。再比如，初二的时候，我班学生有早上来对答案的现象。对此，学生自己提出的要求是：早上到班后不拿作业本，不动笔，只拿需要背诵、阅读的学科，作业7点半后统一拿出来一起收。最初的时候，我班选出了五名最负责的同学做早自习管理员，我自己也很早到班；过一阶段，我改为时早时晚抽查；再坚持了一段时间后，他们自然养成了统一交作业的习惯。寒假后，我一到班级就看见黑板上写好了要交的寒假作业，只等7点45分开始收。我班有一名同学做事以"慢"著称，弄东弄西，不知不觉一节自习课就结束了。我便和他把一节自习课分成三个时间段，然后根据内容难易，布置每个时间段的具体任务。若他提前完成，剩下的时间就随他安排。起先是我强制进行安排，接着让他自己确定做哪些。慢慢地，他的自习课效率就提高了。当然，这期间我总是在一个时间段后就给予表扬、鼓励。

三、创设有利于学习习惯养成的环境

所谓班级环境，无非由老师和学生构成。其实，初中阶段的孩子尚未形成自己的完整价值观，所以老师的言行会对他们造成比较大的影响。我认为老师的示范性作用不容小看。我们要求学生在自习课上会充分利用时间，完

成作业，那我们老师也应自己端坐一处，完成一些事情。即便要与同学谈话，我也尽量不占用自习课的时间。而且如果班级里有什么需要布置的事情，我们班都是先利用几分钟布置交代完，然后各归各，谁都不许说话，只能静悄悄地做作业。"德高为师，身正为范"。当学生看到老师也安静地做事情的时候，无疑会受到潜移默化的影响。所以，我一般认为，要求学生做到的，老师就尽量先要做到。比如在学生面前，教师要落落大方地佩戴胸卡进教室，军训的时候不打伞，升旗仪式的时候肃立，看到垃圾随手捡起来，等等。我想，自己先做到了，要求学生时才底气更足。而学生将这些看在眼里，时间久了，同样也就觉得这都是自然而然的事情了。此外，良好的舆论导向也利于好习惯的养成。比如我们班同学对食物一向是比较珍惜的，从来没有过前门拿饭盒，后门丢饭盒的事情。初一刚进校的时候也有个别女生较为娇气，嫌饭菜不好吃。我就让班长先发出倡议，再在比较放松的时候让他们选了个最会吃饭的同学，并发了个奖品。随后我又表扬了同学们细嚼慢咽的风气。后来，他们也就习惯成自然，对盒饭习以为常了。

　　叶圣陶认为，养成好习惯，要从最细微、最切近的事物入手。作为班主任，我们在教育教学的过程中，不管是就学习而言，还是在其他方面，都应抓住细节、提出要求、反复训练，让习惯成自然，变成一种力量，帮助学生成长。

（江苏省苏州市草桥中学　高妍薇）

4. 给孩子一个机会

学校教育的目的就在于使学生养成正确的人生观。

——叶圣陶

（摘自《叶圣陶教育文集》，人民教育出版社，1994年）

一个周四晚上9点，我正在给女儿讲睡前故事。突然电话铃响，接起来一听，是学生肖的家长。正在猜测她这么晚来电话的原因，隐约听到电话那头传来哭声，把我吓了一跳。

经询问才得知原来是学生肖放在铅笔盒里的220元钱不翼而飞了，孩子觉得丢了这么多钱是一件很严重的事，虽然家长再三告诉孩子没有关系，以后注意就是了，可孩子就是控制不住自己，哭了很久。家长来电话一是想让我安慰他，因为孩子听我的话；二是希望我能在班级里说说这件事，小孩子现在就敢拿这么多钱，如果不制止，将来会闯大祸的。

挂掉电话，我呆了很久。现在经常会听到小学里丢钱丢物的事，而且有愈演愈烈的趋势。作为班主任，我得知学生"偷"（我很不愿意用到这个字，但这确实是偷盗行为）东西，心里很不舒服，可是老师没有资格去怀疑班级中的学生，也没有权力去调查班级中的学生。但如果不闻不问我又做不到，我不能让这件事就这样不了了之，否则对那个做了错事的孩子是不负责任的，我应该帮助他走出错误区域。

我思考了一个晚上，终于想到一个自认为不错的方法。

第二天早上，我把肖叫到我办公室，告诉他老师会处理这件事，请他相信老师，但是需要他的配合。肖有点迷惑，但他还是答应我不把丢钱的事告诉任何人。

在晨会课上,我让肖把他的铅笔盒拿到办公桌上,并且不动声色地观察班级学生。然后我说,肖放在铅笔盒里的一件心爱的东西不见了(我故意不说丢的是钱,以减轻班级学生对这件事的重视,减轻犯错误学生的心理负担),时间是昨天下午。

全班同学都显出很诧异,但又很关心的样子。我继续说:"老师猜测这位同学是和肖闹着玩的,想看他如何着急(给孩子一个借口,给孩子一个台阶,也是给孩子一个机会)。那么现在游戏结束了,肖昨天晚上哭了很久(让他知道同学因为他的缘故而痛苦),你的目的达到了,应该到了还给他的时候了。"

很多同学都望向肖,眼神中流露出同情。更有学生禁不住喊道:"谁拿了肖的东西?太过分了。"我示意学生安静下来,接着说:"当然你有可能没有把东西带在身上(我想他应该找了一个比较安全的地方放好了),没有关系,老师给你两天的时间思考(这毕竟不是一件小事,孩子也需要思考的时间)。周一老师还会给你创造一个机会,让你神不知鬼不觉地还给肖(这个很关键,否则如果让其他同学知道了这件事,会给他的一生留下阴影)。老师保证,只要你能归还,老师绝对不追查下去。"

有学生表示不同意了,说要找出那个同学,让他赔礼道歉。我记得当时我是这样说的:"人犯错不要紧,要紧的是要认识到自己的错误,并改正它。我想那个同学并不是故意这样做的,只不过当时看见了,一时没有控制住自己的行为。而且老师相信,这时他已经很后悔了,只是不知道如何把这个错误改正过来。现在老师希望同学们都能以宽容的心,帮助这位同学正视错误,并从中汲取教训。好吗?"

孩子们不约而同地点头。我又说:"如果到周一还没有发现这件东西,说明这个同学不是简单地恶作剧,而是偷盗行为了,那老师就只能把这铅笔盒送到公安局去验指纹了。当然,这是老师最不愿看到的。"

最后我说:"老师相信那个同学需要一个思考的空间,所以这件事先到此为止,请同学们下课不要再议论这件事。"然后宣布下课。

我希望我的学生都能有一个幸福的童年,有一个幸福的人生,我不希望若干年后听说我的某个学生犯罪了。可是,这只是我的希望,我的学生能做到吗?所以虽然下课了,我却心中没底,双休日也过得恍恍惚惚。

周一上午,我才到校放下包,肖就兴冲冲地跑来,大声地告诉我,钱回来了,那个同学把钱放在了讲台上,还有一封信呢。我拿起那封信,只见上面写着:烦陈老师交给肖,里面有220元。

我真的从心里感到高兴,我不仅帮助了那个丢钱的孩子,让他放下了丢钱的负担,更帮助了那个差点染上污点的孩子。我想起教育家叶圣陶先生在《教育与人生》中曾说过:"学校教育的目的就在于使学生养成正确的人生观。"今天,就这件事,我想说:我做到了,因为我给了他一个机会,我想他会记住这次教训,而且幸福会伴随他的一生。

(江苏省苏州市东中市实验小学　陈　洁)

教与学

1. 让学生学会阅读的解构与建构

> 我以为要改进教学方法，必须废除现在通行的逐句讲解的办法。这是私塾时代的遗传；大家以为现在教国文和从前私塾里教书是一回事，就承袭了成规。这办法的最大毛病在乎学生太少运用心力的机会。
>
> ——叶圣陶
>
> （摘自《叶圣陶语文教育论集》，教育科学出版社，1980年）

正如叶圣陶先生所说，要改进教学方法，既不能"满堂灌"，又不能"满堂问"，重要的是让学生自己"运用心力"，学会自己学习。萨特说："阅读是一种被引导的创造。"美国宾夕法尼亚州阅读能力评估咨询委员会认为："阅读是一个读者与文本相互作用、构建意义的动态过程。构建意义的实质是读者激活原有的知识，运用阅读策略适应阅读条件的能力。"那么，要让学生读得进去，走得出来，学生阅读需如何进行解构与建构呢？

首先给学生阅读的解构与建构一个规定性说法：这里所说的学生阅读的解构，是学生正确地解读文本，深层次地理解所阅读的内容；这里所说的学生阅读的建构，是学生把所解读的文本进行重新构建，内化为学生自己思维的一部分，并可以生成出新的成分。

为了更好地促进学生阅读的解构与建构，我们要弄清三个问题。

第一个问题，学生阅读的解构与建构有哪些特点呢？

学生阅读的解构与建构不能完全等同于成人阅读的解构与建构，与成人阅读相比较，学生阅读具有更强的可塑性，学生思维具有日渐成熟的特点。许多学生并不知道如何来解构与建构文本，因而学生阅读的解构与建构更需老师与家长的引导。学生阅读有明确的学习目的与学习任务，因而学生阅读的解构与建构有明显的指向性，它要有利于学生现阶段的学习，也要有利于学生将来的生活与工作。

第二个问题，学生阅读的解构方法有哪些呢？

学生阅读的解构没有绝对的固定的模式，不可能所有的学生按照一种或几种模式去进行阅读解构。它是在一定的情境中，具有特定特点的学生对一定文本进行个性解构的过程。学生阅读的解构没有固定的模式，却可运用一定的方法。比如厚积式解构，就是多读书，多接触文本。不管什么样的文本，先是多接触，然后才谈得上进行选择。有时甚至是一种不求甚解的接触，刚开始是一种浮光掠影式的解构，然而积累多了以后，就会有深层次的收获。如果我们对于学生阅读的解构刚开始就要求解构到位，往往就好像背上了沉重的包袱去行动，就真是多了负担，少了乐趣。又如语感式解构，就是多选美文，经常出声地读出文本，有许多还要熟读成诵，在诵读中培养语感，在语感中解构文本，后来就能在无声的语感中解构文本了。因此就常有这样的现象：有人一接触文本，就能进行准确的解构，别人问原因，他也答不出什么，就是一读就出来了，这就是语感。再如精读式解构，就是对同一文本，逐字逐句地进行阅读，且要多读几遍，对这个文本进行深层次的解构，并把对这个文本解构的能力迁移到其他文本的解构中去。不同的学生个体可以选择不同的解构方法，不同的文本也可以选择不同的解构方法，有时还可以几种解构方法共同使用，从而学生与文本进行科学的对话。

第三个问题，学生阅读的建构又有哪些方法呢？

学生进行阅读解构并非学生与文本接触的最终目的，学生对文本进行科学的解构，只能说是正确地理解了文本，还不能停留在这一步。有人读了许许多多的书，但从未做出些什么，被人们说成是两脚书橱，充其量就是仅仅会解构而已。高层次的学生阅读的建构就是要把文本化为己有并产生新的成分。学生阅读的构建没有统一的步骤，但有一些典型的方法。比如示范法，就是教师或者家长引导学生进行阅读建构：一是引导者先与学生一起来接触文本，然后引导者与学生交流，谈谈自己是怎样来建构文本内容的；二是引导者与学生一起来接触文本，然后引导者与学生交流，让学生谈谈自己是怎样来建构文本的。这样就通过示范的方法，让学生知道可以怎样来进行阅读建构，从而让学生自己来进行阅读建构。又如小组法，就是学生间组成阅读小组，他们经常接触同样的文本，相互交流自己对文本的建构，在相互交流中共同提高对文本的建构能力，每个人都可以从同伴那儿学到别人的优点，改善自己的建构方法。同时，小组内可以定期或不定期地举行各种活动，展示每个人的建构收获，进一步培养学生的阅读兴趣，增强学生的阅读动力。再如引申法，就是学生进行阅读建构并不是总停留在对文本进行建构的初级阶段，而要进到更高一级的阶段。有的学生很难进入阅读的高一级阶段，有的学生经过了很长时间才能进入阅读的高一级阶段，这就需要教师巧于渗透，科学引导。例如学过了《一面》之后，我们可以让学生来建构《难忘》《我的老师》等文本。当然我们要让学生在解构的基础上进行建构，且不能停留在第一层次，还要让更多的学生进入到高一级的层次。原文本中的内容我们不能让学生拿来就用，但原文本中对鲁迅先生的肖像描写的方法，我们就可以让学生运用到对难忘的人或自己老师的描写中。学生阅读建构的方法是多种多样的，我们可以考虑共用的建构方法，也可以思考独特的建构方法，可以常用几种方法，也可以同时运用多种方法，最终目的是对文本进行高层次的建构。

　　学生阅读的过程就是一个解构、建构、更高层次的建构的过程。学生成长的过程，也是学生阅读的过程。教是为了不教，当我们引导学生逐渐学会阅读的时候，就是引导学生逐渐学会了学习，我们就可以算是成功地改进了我们的教学方法。让我们多途径、多方法地打造学生阅读的高品质、高能力，让更多的学生在阅读中领略趣味，快乐成长。

（江苏省兴化市唐刘学校　薛茂红）

2. 叶圣陶为"百字作文"助阵

> 文学的木炭习作就是短小文字。
>
> ——叶圣陶
>
> （摘自《叶圣陶教育文集》，人民教育出版社，1994年）

我在自己执教的班级推行每日写"百字作文"，不觉间已近二十年。谁给我坚持的动力和勇气？儿童的成长——看得见的成就是最重要的。但还有一个特别的支持者——叶圣陶先生。他对儿童写作的界定、阐述、论证，为我的"百字作文"实验输入源源不断的动力。

叶圣陶曾作《木炭习作和短小文字》以阐述他的作文训练观。他说："文学的木炭习作就是短小文字。"他认为，学生习作就好比绘画，要先打好基础，做到"像"。而此时如果追求文字华美、结构新奇，就好比跳过基础阶段练习而直接进入色彩斑驳、对象变形的抽象阶段。叶圣陶说，画画的终极目标固然不在"像"，而画画的基础条件不能不是这个"像"。不像，好比造房子没有打下基础却要造起高层大厦来，怎得不一塌糊涂、完全失败？基础先打下了，然后高层大厦凭你造。如何打基础？必需的功夫就是木炭习作。

我非常认同这一观点。现如今不少儿童都有练习绘画的经历，木炭素描这项基本功训练是不可逾越却又是最让儿童反感的，一个石膏人头，一朵假花，一个盘子，一回又一回地描画，很多儿童都不耐烦，马马虎虎敷衍一下，但后续要发展就难了。那些画得扎实，画得"像"的，今后再学习其他画种就更容易上手，画的品质也高。造型准，线条明快，方能有变形抽象之美。这是共识，是所有艺术练习的共通点。

叶圣陶将木炭练习比喻为"短小文"练习。小品、随笔、杂感、速写、特写、杂文，写时文字短小，不啰唆，少有枝叶，有什么说什么，说完了就搁笔。叶老认为借助这些质地单纯的写作，最容易达到熟能生巧的境界。此观点真叹为妙绝！这不就是百字作文吗？记得当初和许多学生家长、教师同行解释百字作文时，我定义为：用两三百字，及时将自己每天的烦恼或快乐、新奇的发现、一段"语不惊人死不休"的幽默话语、当天发生的最精彩的事件、最真实的感受等记录下来。记录的过程是自由的，不必强调篇章结构的完整，不需在表达语句上字斟句酌地苦苦推敲，想怎么写就怎么写，想写多少就写多少。

木炭练习，有项目之分，各个项目分门别类进行。我也在百字作文的"短小"上下了功夫，推行扎实的单项训练。每日一篇百字作文，我将其引导为具体的某一习作专项训练。例如针对人物描写中的语言描写，设计成组的百字作文训练，内容可以是：摘录家人对话，记录同学对话，模仿文学作品中的某一处对话，为动画片配音，创作一组对话，在社会生活中捕捉不同场合的语言……这就好比木炭素描时的局部基本功练习：画各种姿势的手，画各种水果，各块肌肉。这有一些类似福楼拜对莫泊桑的写作训练：写马车，每一辆要有区别；写看门人，每一个要长得不一样。因为百字作文短小，儿童在参与训练时不会感到疲劳，能够乐于参与；因为百字作文训练每日进行，频繁而持久，一项写作技能通过高频率的训练得以提升水平，也容易得以巩固；同时教师每日批阅，百字作文反馈及时，教师容易根据孩子们掌握的情况进行有效调控，提高训练的有效性。

我还将这样的训练做了推进，将同一大系列切分为不同的小单项进行，按部就班，各个击破，稳扎稳打，串联起来则能保证一方面的写作技能提升。例如在人物描写这一大项目下，以百字进行一个阶段的对话训练后，可以推进动作描写训练，百字内容则调整为：写游戏中的动作，写课间活动中的动作，写人的单一动作，写连贯动作，写脸部动作，写身体其他部位的动作，写不易察觉的动作，写动物的活动……大家很自然地想到，接下来可能还有心理描写、衣着描写、五官描写等不同的训练科目。这样有计划、有目的、逐步递进地将小学阶段儿童必须掌握的写作技能通过百字作文进行单项逐一强化，就能有效地将作文基本功训练得扎扎实实。小学阶段"习作"的

"习"字的真谛也就在这些行之有效的训练中得以体现。

叶圣陶也指出木炭练习仅仅是一种过程。到了纯熟的时候，就要跟画画一样，放弃那些烦琐的线条，用简要的几笔画出生动的形象来。你即使不去作什么长篇作品，这短小文字也就是文学作品了，就像整幅彩色画跟木炭习作一样，都是艺术品。百字作文也是如此，单篇百字可以成文，独立欣赏。今后写得熟络了，大可以摆脱百字，放手、放胆地去写大篇幅、长篇幅，也能挥洒自如。基本功扎实，写起来当然得心应手。我班上的一些孩子工作后有写工作日志的习惯，皆受百字作文训练影响。可以说，这样真诚、踏实地面对生活、工作，更有可能成就一番事业。

让我们牢记叶圣陶的忠告：在基础上下功夫，逐渐发展开去才成就为艺术。舍此以外，没有捷径。阅读本文后，请提笔写下今日的百字作文吧，哪怕一句感受也好。热爱生活的人，不应该让一日虚度，不应该让生活的某一页苍白。

接下来，具体介绍我坚持了近二十年的"百字作文"教学实验——我作文教学的"掌中宝"：对于教师而言，它易于操作；对于儿童来说，参与后习作水平提高迅速。百字作文就像一把打开作文之门的金钥匙，帮助儿童喜于动笔，乐于表达且善于表达。

实验起源于感受到儿童对习作的恐惧。不少儿童怕写作，更怕教师在作文字数上提出硬性要求：两页、两页半……最后没办法，只好用一些"废话"来凑数。网络上有这样一个笑话：一孩子写自己家的小狗"波比"，老师规定字数要达到500字。他好容易写完一数，才四百多字。怎么办呢？只好又增加一段：当我想叫波比过来时，我就喊道："波比！"如果它不来，我就再叫："波比！波比！波……"他就这样停在了第500个字方才安心。不要以为这仅仅是一个笑话，这样的例子经常发生在我们身边。造成儿童畏惧作文的主要原因有两个：其一为无话可写，缺少可供写作的素材一直是儿童走上写作道路的"绊脚石"；其二为不知如何写，虽然他们也阅读过不少谈论"如何写作"的辅导书，但到实战中却丝毫不起作用，且练得太少，一周一次的"纸上谈兵"最多是隔靴搔痒。

百字作文彻底解决了这个两难问题，让儿童轻松踏上写作之路。百字作文的设计灵感源于福建电视台一档收视率很高的栏目——《F4大搜索》。编导事先收集全世界各地播出的节目，将其中的奇闻趣事网罗在约20分钟左右的时间里播出，让观众集中看得过瘾。看到这档节目时我就突发奇想：如果也让孩子们做个"小编导"，将每天发生的最精彩的事件、最想说的话、最真实的感受、最有价值的收获等，先在大脑里像"过电影"一样稍作回忆，再用简短的百来字记录下来，不就是既有意义又富有趣味的微型作文了吗？如果每天坚持，孩子就能像定期存款一样建立起充实的写作素材库，在需要时选取精彩片断扩充成文，能解决"无米可炊"的问题，还有助于培养习作习惯。于是，实验开始了……

我的百字作文不能生硬地理解为一百字的作文，它是一种自由短小的写作情态的代称。先来看一篇百字作文。

我帮妈妈拔腋毛
施妙佳（四年级）

妈妈的腋窝毛长得很快，前两天刚拔的，这不？又长出来了，我这腋毛"包工头"要出面了。今天中午睡午觉的时候，我对妈妈说："妈妈我来帮您拔腋窝毛，好吗？""可以啊！"妈妈说。我拿来夹子，去夹那一只只黑色"小蚂蚁"的时候，我问妈妈："妈妈，你的腋窝毛怎么长得这么快呢？"妈妈笑着说："妈妈还年轻，精力旺盛，腋毛茂盛。"顿时，我和妈妈大笑起来。

以上就是一篇精彩的生活百字文。我所提倡的"百"是简短、微型的代名词。

百字作文的提出还依据语文课程标准中所提倡的学生自主选题，少写命题作文，加强对平时练笔的指导。这一理念使我坚定进行百字作文实验。没想到结合实验我发现了百字作文这种新颖的"练笔"形式有着以下突出的优势。第一，短小精悍。十几行，百来字，相信没有哪个孩子会感到为难。而正是一个"短"字，消除了大家对作文的错误认识：作文必须是"长篇巨作"。要知道，正是这种错误的认识让大家害怕作文。第二，形式不拘。百字作文可以是一首随感小诗，可以是处方体、新闻稿、小对联……随意而为。记录的过程也比较宽松，不必强调篇章结构的完整，语句不必字斟句酌地苦苦推敲，只要能简洁明了地表达自己的意思即可。不拘一格的形式正是很多孩子们喜爱百字作文的重要原因。第三，新鲜及时。当天的事当天回忆，当天记录，文章常写常新。长此以往，大家为了找到新鲜事，会很自觉地去参与生活、观察环境、寻找素材。写作所需的各种能力都在此中得以综合训练，最终将会进化成情动辞发、心手合一的良好写作态度。第四，便于拓展。在写上一段时间后，可以充分利用自己写的百字作文，或扩写成长文，或以其为纲进行改写。这时候儿童会发现自己就像一个个巧媳妇一样，面对琳琅满目的原料，或炒、或煎、或炖，随心所欲地拓展发挥，再无畏难情绪。第五，带给"角落天使"福音。那些老是写不出"好作文"的儿童容易被忽视，成了"角落天使"。百字作文则为每一个儿童提供展示自我的机会与空间。它的短小形式使得"角落天使"感觉容易参与也乐于参与，教师在评价时只要更多地给予包容，他们就能逐渐增强自信，勇于放胆表达。百字作文使作文教学做到了服务于全体。

既然是作文教学，自然也涉及教学法。百字作文究竟怎么教呢？

怎样才能让儿童在练习中保持愉悦的心态、旺盛的创作激情，写出趣味横生的作品呢？先了解习作的本质：习作就是一种对已有积累的再次自省。所谓自省，即不断调阅储存在大脑中的生活经验，体验自己内心独特的情感，梳理自己混杂无序的思想。自省之后用自己习惯的方式自由地表达，这些表达用文字记录下来就是作文了。可见，有效且清晰地自省能促使好的表达的诞生，而教师的教学行为应该为孩子的自省提供辅助。如果教学行为对自省是一种干涉，甚至是一种误导的话，就和"我手写我心"的习作原理背道而驰了。所以，百字作文教学不能不顾儿童的感受，不能无视其现有的表达水平。我的教法就是"不教而教"。所谓的"不教"指的是我不会告诉儿童如何谋篇布局，如何通过写作技巧使文章引人入胜，如何对文字进行精雕细刻。但"不教"绝对不等于放任自流，而是一种退居幕后的鼓励、辅助、监控，这同时也就是所谓的"教"了。

如何实施有效的促发自省的"教"呢？首先是鼓励与推崇阅读。要写好作文就要让儿童根据自己的喜好去阅读，在阅读中不断滋养、补充自己。我们不要试图指定其读什么，不读什么。即便是一些没有吸收价值的书籍，如果儿童一时执迷其中，我们也不要强制其与之"断绝来往"，而应该不断尝试用有趣的、高尚的、富有内涵的书籍来填充他们的精神世界。同时，我们还有必要通过监控、激励等多种手段使阅读成为一种习惯和爱好，这是一项艰巨但是意义重大的工程，也是"不教"但能提高习作水平的重要途径。其次是创造机会带儿童参与社会实践。实践才能让儿童感受到生活不再是"四角天空"，而是丰富多彩的世界。实践后不要生硬地要求他们写什么、怎么写，应该启发他们回忆、感受、交流。即使实践后没有文字留下，只用言语表达了也可看作一次习作练习。其实，实践过程中已经涵盖着教师的"教"：言谈举止，一颦一笑，信息介绍，哪一个不是"教"？再次是聊百字。聊就是轻松地交流。交流中不可一味说教，而应以倾听为主，在倾听中捕捉每个孩子与众不同的经历，鼓励他们及时记录成文。聊天也是一种"教"，只不过教师要以倾听者的身份处于"幕后"。也正是因为这种身份，才会换来孩子真情与主动的表达。

其中最具"教"的意味的便是"聊百字"。我特别为百字作文的聊天开设了"两室一厅"，让儿童在此充分经历"选材—修改—润色"的全过程。第一室："新闻会客室"。每天早读或晨会，我组织儿童进入"新闻会客室"，大家将自己的百字作文、昨天的见闻与感受在这里进行交流、汇报。交流时可以采取"两两相对式"，也可以采取"中心发言式"，如果遇到特别有趣或是值得讨论的文章还可以来个即兴辩论赛。孩子在短短20分钟左右的"新闻会客室"里收获良多。第二室："作文会诊室"。每隔一段时间，组织儿童携带百字作文进入"作文会诊室"，和他们一起针对有待"诊疗"的百字作文进行"会诊"。可以请出文章作者介绍自己的创作经历、写作过程中遇到的困难、需要寻求的帮助等内容。同学们七嘴八舌地进行评论，"横挑鼻子竖挑眼"，对问题直言不讳。这样的"会诊室"是习作自改和互改的训练场，儿童在"会诊"的过程中能提高自己对文章的优劣的敏感度，提高修改的能力。一厅："美味餐厅"。有人将写作喻为烹饪：素材为原料，进行的表达为加工过程，厨师自然就是儿童。写百字作文也不例外，即要求大家对收集到的素材进行"煎、炒、烹、炸"，加工成美味可口的"小点心"。特别强调的是，在加工过程中，我们可以鼓励儿童互相借鉴，给习作加"辅料"。例如借鉴模仿他人作品，尝试用上成语、歇后语、谚语等给"小点心"进行装饰点缀，用上拟人、排比、比喻等修辞手法作为"滋补上品"，提高文章的营养成分等。

我欣喜地发现，只要参与百字作文训练，儿童写作的状态均发生颠覆性变化。每一位儿童在练习过程中不仅积累了丰富的写作素材，也养成了留心观察、及时记录的写作习惯，并且对于搜集到的素材，能进行个性化的处理、个性化的表达。用一个孩子的话说："没想到短短百字使得写作不再是难事，它让我们爱上作文了。"

（福州教育学院二附小　何　捷）

3. 在"玩与学"中喜欢上历史与社会课

> 教材仅是教学之凭借,学文言在领会文言之词义句式及表达方法,教师指导有方,学生潜心修习,只从一书中选材亦能有长进,固不须五花八门也。教师当然须教,而尤宜致力于"导",导者,多方设法,使学生能逐渐自求得之,卒底于不待教师教授之谓也。
>
> ——叶圣陶
>
> （摘自《叶圣陶答教师的100封信》,开明出版社,1989年）

《历史与社会》是新课程改革中推出来的一套全新教材。历史与社会学科内容包罗万象、知识点多,教学中稍不留神,处理不当就会引起学生的烦躁心理,导致学生学习积极性不高,从而不利于知识的掌握和运用。作为中学历史与社会的学科教师,我一直比较关注学生的学习兴趣是否浓厚,学习过程是否愉快,学习方式是否科学。但在实际的教学实践中,花费了大量的时间精力设计、组织教学,却收效甚微。如何更多地从学生的角度出发,采用灵活多样的教学手法,激发学生的学习兴趣,让他们积极地参与课堂教学中来?这一问题始终得不到解决。再读《叶圣陶答教师的100封信》,叶老的话给了我很大的启发:"教师当然须教,而尤宜致力于'导',导者,多方设法,使学生能逐渐自求得之,卒底于不待教师教授之谓也。"叶老的这一段话,不但适用于学习语文学科,也适用于历史与社会教学。

之前,在课堂教学中我总把力气用在教学重点和考试要点,逐字逐句地串讲,力求详尽透彻。老师讲,学生记,学生听得似懂非懂、昏昏沉沉,课堂气氛沉闷,教师也讲得索然寡味。对此,我觉得有必要调整自己的教学方法和策略,把学习的主动权交给学生,把课堂还给学生,改变学生被动的学习习惯，让他们由被动听讲变为主动钻研，互相合作，独立思考。教师在其中只起到辅助、指导作用，真正做到以学生为主体、教师为主导。为此，怎样把学生学习的积极性调动起来呢？我尝试将游戏引入课堂。我挑选了八年级上册第三课《告别野蛮》中的"从刻划符号到象形文字"一节作为尝试。

"从刻划符号到象形文字"的第一课时，主要讲述了文字产生的原因、过程和三种文字的各自特点及意义。内容简单，不存在难以理解的知识点。如果按一般教学法处理，依次将发展的三个阶段讲下来，固然能做到条理清晰，知识点清楚明了，但是教学手法的单一容易造成课堂气氛沉闷，学生对教学内容不感兴趣，这就影响了教学效果。索性把游戏渗透到课堂中来，让学生在轻松活跃的课堂氛围中学到知识。

文字产生的原因是过去口耳相传不便于记忆和交流，过程为三个阶段：

第一阶段是刻划符号。

第二阶段是图画文字。

第三阶段是象形文字，包含古代埃及、西亚和商代文字。

相对而言，文字产生的原因适合让学生通过做游戏来理解所要掌握的知识点。具体来看，文字产生的原因内容很少，只是作为导课用，只占整节课的几分钟时间，产生的三个过程花的时间最多。做游戏只是教学的一种手段，是为教学服务的。游戏做完时，应达到相应的教学目的，所以游戏要有针对性。文字产生的过程主要介绍了刻划符号、图画文字和象形文字的表现形式，并要求学生了解它们各自的特点及历史意义。根据这些要求我设计了以下游戏。

第一个：传话游戏。目的是让学生亲身体验通过口耳传递信息的过程，并在游戏结束后能总结出它的缺陷。教师事先准备好用于传话的纸条，写上相应的内容，然后选择六个学生来完成游戏。第一个学生熟记纸上的内容后传话给第二个，依次传递，最后全班其他学生评判六个学生传话是否一致。

第二个：竞猜游戏。目的是让学生亲身体验通过肢体动作表达图画文字信息，并在游戏结束后能够了解古代埃及、西亚和中国商代文字，思考不同时期、不同区域的文字特征及其形成原因，理解文字的产生与人类进步的关系。一般由五个学生完成，其余学生分成四组进行竞猜比赛。教师事先准备好纸条，分别给五个学生看，然后让他们依次给全班表演，让台下学生猜是什么字。

我就抱着这个设想开始上课了。一进课堂，我故意提高嗓门说："今天我们来做个游戏！"学生们一听，一下子来了精神，好奇地询问今天做什么游戏。看到这情形，我感到很振奋。首先开始第一个游戏——传话游戏。宣布完游戏规则后，选择六名学生，让他们站成一排。我准备了一张纸条，是比较绕口的一句话。上面写着"一面小花鼓，鼓上画老虎。宝宝敲破鼓，妈妈拿布补，不知是布补鼓，还是布补虎"。然后宣布游戏规则，接着开始表演。台上学生表演得很认真，台下学生也看得津津有味。传话还没到最后一名学生时，就笑话百出。这时候，我就抛出第一个问题："口耳相传存在什么缺陷呢？"学生七嘴八舌地回答"太绕口啦""字太多一时不容易记住"。我在黑板上写下"记忆、交流"四个字。并且我马上点析："当人类进入文明时代之后，由于社会实践的发展和统治阶级发号施令的需要，简单的口耳相传的语言交流已不能满足社会发展的要求，于是，人们开始采用各种特殊标记和刻划符号来表达自己的思想和意志，这就是文字的最初雏形。"点析之后我又问学生："想不想再做游戏？想不想知道文字的产生过程呢？"学生异口同声地回答："想。"

紧接着，我们又开始了竞猜游戏。我准备了几样道具和五张图片，图片依次是课本"图2-22 刻划符号"、课本"图2-23 图画文字"、画有"⊙"表意符号的图片、画有眼睛和水的符号的图片、画有鸟和卵的符号的图片——这体现的是从刻划符号到象形文字的过程。然后挑选了五个学生上台来，照例先宣布游戏规则，接着每人依次分别拿一张图片，比赛开始。教室里面很安静，第一个学生手里拿的是课本"图2-22 刻划符号"，该生一边指着图片上的符号一边比画，可是任凭他怎么表演，台下学生无语。此时我马上示意第二个学生表演课本"图2-23 图画文字"，结果也是同前面一样没有一组抢答。我趁机又抛出问题："为什么我们现在没法理解这刻划符号和图画文字？"顿时教室里像炸开锅似的，大家纷纷说："不知道当初刻划符号的人的用意和这符号代表什么。""这个图画文字既像乌龟，又像其他动物在爬行，很难说明什么意图。"这时该我点评了："刻划符号根据一些特定的符号来表达信息，图画文字根据形象的图画来表达信息。如果离开了当时的记忆者，别人就无法了解其意义，所以刚才我们都没法恰当说出其表示什么。"游戏继续进行，其余三个学生分别依次表演，此时各组纷纷争着抢答，生怕落后。有的学生一边说着一边打起了手势比画，有的学生还兴奋得站起来说："眼睛和水加在一起肯定是'哭'字。""鸟和卵合在一起就会生出小鸟，是'生'字。"这时候，我再一次提出一连串问题："象形文字、文字、甲骨文这三种文字有什么共同点？它们各自的特点是什么？文字的产生有什么历史意义？"因为大家都亲自体验了文字产生过程的竞猜游戏，所以很快就有了答案。这样教学目的达到了，书上的文字也变活了。

应该说在教学中适当地做些游戏，效果是显而易见的。它不仅可以激发学生的学习兴趣，充分调动学生的积极性，而且能使学生较容易地理解知识，加强对知识的记忆。游戏也是学生乐于接受的一种形式。但是在课堂上做游戏也存在一些问题。比如，时间上很难把握。上面所讲的竞猜游戏，有的学生因为初次表演欠缺表演技巧等，不得不多次重复表演，时间一下子就拖得很长。再有，学生做游戏时很兴奋，有的做完了还在津津乐道，注意力不能很快集中到教师所提的问题上来。所以，首先教师一定要做好充分的课前准备工作，精心设计游戏，详细考虑游戏的目的、内容、时间等，遵守游戏要为教学服务的原则，不能喧宾夺主。其次，教师要控制好课堂节奏，要有较强的驾驭课堂能力。我想，把游戏放到课堂中来是一个尝试，它所存在的问题和缺陷只有在以后的教学实践中慢慢摸索才能改进，或许还可以找到更好的方法。

再读《叶圣陶答教师的100封信》，有一点体会特别深刻：叶老认为教学不仅仅是传授知识，更应该是能力的培养；传授知识是手段，培养习惯、培养自学能力才是目的。因此，教师的主要任务就是教给学生学习方法，培养学生良好的学习习惯和学习能力。在今后的教学工作中，我要进一步改善教学方法，完善学生的学习方式，提高课堂教学效率，朝"教"都是为了达到用不着"教"的更高的境界努力。

（浙江省瑞安市莘塍第二中学　李茂春）

4. 叶圣陶写作教学思想的课堂演绎

> 学生对一双宽舒的鞋是多么美慕啊！对于自由自在地思想是多么向往呀！对于写出自己经验范围内的一切是多么有兴致呀！
>
> ——叶圣陶
>
> （摘自《叶圣陶教育文集》，人民教育出版社，1994年）

学生为什么要写作呢？当作文成为生活的必需时会是怎样一种景象？著名教育家叶圣陶先生曾说："生活上有记载知闻与表白情意的必要，时时练习，时时把知闻记载下来，情意表白出来，这样成了习惯，才可以终身受用。"

由此看来，写作是一种由内而外的需求，是一种内需，一种内驱。老师布置作业让学生写作，是否违背了这种由内而外的需求呢？对此，叶老曾大胆地发表自己的见解："命题作文，人人知道不对。我以为定期作文，也很不自然。"因为"写作决不是无中生有。必须有了意思才动手写作，有了需要才动手写作"。叶老曾这样论述作文的"认真与不认真"："自己有什么就写什么，就是认真。……反过来说，自己没有什么而勉强要写什么，就是不认真。"如何使学生达到叶老所认可的"认真作文"的状态呢？笔者为此进行了一些尝试。

一、激发兴趣

叶圣陶先生曾说："教育就是培养习惯。"要养成良好的写作习惯就要培养写作的兴趣，兴趣是最好的教师。任何一件事，先要愿做，有兴趣做，才可能积极去做和认真去做。因此，要提高小学生的作文成绩先要从培养作文兴趣、激发作文动机入手，变"要我写"为"我要写"，"被动写"为"主动写"，"害怕写"为"喜欢写"，使作文真正成为学生的一种乐趣。反之，如果学生缺乏这种作文的心理需要、心理欲望，再好的指导方法也难以收到满意的效果。我们的语文课光说不写似乎成了一种时髦，学生练就了一张巧嘴，却留下了一只笨手，要写，就显得非常痛苦，这是缺少锻炼的缘故。作文要多写多练，但形式单一，老是老师出题，学生照题写也会厌倦乏味。教师要根据中学生的特点，设计各种愉快活泼、新颖有趣的训练形式，使学生感到作文不仅是一种练习作业，还是一种有趣的活动。

1. 命题自由化，让学生充分展示自己的才华。

一个班几十个同学的个性特长、兴趣爱好、家庭环境等都不尽相同，由此产生的喜怒哀乐也不一样，命题自由化，想写什么就写什么，就不像统一命题那样受限制。自由命题，能培养学生独立观察生活、选取题材、开拓主题的能力，同时，它又给予了学生较大的空间，让学生展示出自己的才华，体验成功的欢乐，树立能写好作文的信心。教师要多为学生创造自由写作的机会，并给予恰当的指导，想写什么则由学生自己决定，不要强求一律，更不要用所谓的标准去衡量学生。只有学生写出了富于个性的文章，作文教学才能真正出现万紫千红的美好景象。

让学生自由拟题作文，较好地体现了以学生为主体的教学观。可以说，老师限定的范围越宽，涌现出来的佳作也会越多。

什么情况下采取自由命题的方式比较好呢？

（1）巩固写作知识时。

小学作文教学与阅读教学联系是比较紧密的，阅读教学中的每一个单元后面的单元练习都有一个写作训练，主要是为了巩固这一单元课文中所学的一些写作方法。像这种巩固写作知识的习作训练，就可以采取自由命题的方式。

比如小学语文第十册里要求学生掌握的写作知识有：注意文章的条理、按一定的顺序写、分清主次、详写和略写等。在进行巩固这些写作知识的习作训练时，只要学生能运用好学过的写作知识，就不用限定一个题目去给学生写，而应让学生自己选材，自由命题，放胆去写，多给学生一些发挥想象的余地。相信，老师限定的范围越宽，涌现出来的佳作也会越多。

（2）表达共同体验时。

在小学里，经常要开展一些集体活动，比如春游、运动会、球赛、文艺演出等。这些活动都是班上小朋友共同参加的，如果要以某次活动内容为写作素材，表达共同体验时，也可以采取自由命题的方式。比如，一个老师带领学生春游后，在一次作文训练中，就让学生"以班级组织的一次春游活动"为素材写一篇文章，至于怎样选材、想写什么、想怎样写、写多少字等全由学生自己决定，老师则根据学生的需要作一些个别辅导。虽然内容都是写春游，可学生文章的体裁、立意、选材角度等却各不相同，风格各异。有的同学以"愉快的春游"为题，写了春游的经过，写出了同学们愉快的心情；有的同学以"美丽的青秀山"为题，写了去郊外青秀山公园看到的美丽的自然风光，对祖国山河进行了赞美；有的同学以"山美水美人更美"为题，写了春游中涌现出来的互助友爱的感人场面，歌颂了同学间的友谊；还有的同学以"请爱护我们的家园"为题，在文章中揭示出了人们破坏自然环境的现象，呼吁人们要增强环保意识，爱护我们生存的空间……由此可见，学生头脑中蕴藏着巨大的创作潜能，只要老师充分尊重学生，善于激发学生的创作热情，他们的潜能就能得到有效的开发，创新能力就能得到很好的锻炼。

2. 命题开放化，让学生主动参与命题。

要培养学生的创新能力，就必须把课堂真正还给学生，让学生主动参与到作文教学活动中来，给学生提供创新的条件。要激发学生的写作热情，引导学生乐学、会学和善学，教师就要转变观念，放开手脚，让学生主动参与命题。让学生参与命题的方式有以下两种。

（1）先做后命题。

即让学生先动手、动脑体验生活，有了写作内容，有了切身感受以后，再让学生参与命题，进行写作。例如，一位教师曾设计一堂创造性作文课——"吹泡泡"。上课时，讲台上摆着一只盛满肥皂水的大脸盆，教师叫同学们都来动手吹泡泡，看谁吹得大，看谁吹得多。学生动手动脑，情绪活跃，形成了创造性作文教学的良好环境。接着，老师引导："泡泡像什么？"学生回答"像气球""像飞船""像月亮""像水晶体"……老师接着问："要是把泡泡当作人，可出哪些作文题？"学生在老师的启发下拟出了以下题目："泡泡飘游记"

"泡泡旅行记""顽皮的小泡泡""泡泡王国""小泡泡历险记"……然后，教师就要求学生写一篇有关可爱的小泡泡的作文。学生情绪高涨，思维活跃，借题发挥，每个学生笔下的小泡泡都具个性，活动在各自的天地里，创新性思维流露于字里行间，学生写得很开心，写得很有趣，再也不把作文当成一件沉重的事情了。

（2）先写后命题。

即先引导学生口述作文，然后再引导学生根据不同的写作角度去命题。例如，全国特级教师贾志敏老师上"记一件事"的作文课时，他先让学生用"闷热""冷饮""青蛙""一元钱"连起来说一段话，接下来要学生把这段话写成作文，并用表演的形式引导学生口述作文。于是学生一边表演，一边口述事情的经过，老师作适当的点评。最后，老师说："这篇文章写完了，给它定个什么题目呢？"学生思维很活跃，纷纷答道"一只青蛙""救救青蛙""放青蛙""保护青蛙"……老师又引导："如果不用青蛙作题目，用一元钱作题目呢？"生答："巧用一元钱""不普通的一元钱""一元钱的故事""一元钱救了一个小生命"……老师又问："如果老师出的题目是'一件……'呢？"学生答："一件小事""一件普通的事""一件有意义的事"……老师再问："如果用时间命题呢？"学生答："一件发生在闷热午间的事""一件发生在炎热夏天的事"……老师又问："如果用地点命题呢？"学生答："一件发生在农贸市场的事""一件发生在市场小摊边的事"……这种命题的方式非常新颖，具有独创性，对激发学生的写作热情，培养学生的命题能力十分有利。

二、发展个性

作文教学中经常发现学生以"编文""抄文"为捷径，没有做到"我手写我口"。因此，写出来的文章不符合事实，编的情节前后矛盾，没有真情实感。虚情假意的"浅吟轻唱"，空话连篇的"文字泡沫"，全然不见少年出乎自然的纯真和本该属于他们这个年龄的独特体验，字里行间"神圣"得再也找不回一个真实的自我。这些陈词滥调的背后，是学生对作文兴趣的消退，真情失落业已成为作文教学中的痼疾！我们的学生不擅长描写，却喜好议论，尽管他们的议论不够成熟、不够深刻，甚至很多是幼稚的、错误的，但毕竟这是他们真实的思想、真切的感受、真正的话语。我们的作文教学恰恰缺少了学生自由的、广泛的议论！这本身就是让我们的孩子少思想、多复制、少议论！对此，我曾苦苦思索：如何调动学生作文时的真情？要努力培养真诚性，就是要把过去作文中教学双方"合谋作伪"的现象坚决予以摒弃，要让学生养成"说真话，写自己"的作文意识。叶圣陶先生曾这样说过："假如有所表白，这当是有关于人间事情的，则必须合于事理的真实，切乎生活的实况；假如有所感兴，这当是倾吐不舒快的，则必须本于内心的郁积，发乎情性的自然。这种要求可以称为'求诚'。"他还对"求诚"作了具体的界定："从原材料讲，要说真实的，深厚的，不说那些不可征验、浮游无着的话；从写作讲，要说诚恳的、严肃的，不取那些油滑、轻薄、卑鄙的态度。"这就彻底去掉了作文中的虚假浮夸之风，既有利于写出真实之文，也有利于培养真诚之人。

1. 注重激活思维，拓展学生创新的空间。

教师指导学生作文的一个重要内容，就是要激活学生思维，拓展学生创新的空间，激励学生多角度构思。因为"横看成岭侧成峰，远近高低各不同"，对同一事件，站在不同的位置、不同的角度去观察，就会有不同的体会和感受。

（1）指导学生多角度审题。

审题求新就是培养学生多侧面、多角度、深入而灵活地审视题目的内容、要求，揭示题目的新意，从而写出新鲜生动、富有个性的文章来。

裴斯泰洛齐曾说过："教学的主要任务不是积累知识，而是发展思维。"由此可见拓展思维的重要性。学生审题时，也需要从题意出发扩展思维，进行多角度的思考，而每一个角度的思考都可能形成一个特定的表达中心。如果学生只看到命题的一般特征，就容易落入窠臼。如"一次难忘的考试"，大部分学生很自然地想到一次语文、数学或其他的文化知识的考试。当学生的思维朝着这一方向而不向其他方面变通时，不管他怎样努力，作文都不能突破这个常见的框框。如果能扩展思维，大胆开拓思路的话，就会发现，除了文化知识的考试外，在运动场上拼搏时，在生活中遇到困难、挫折时，在与同学发生矛盾时等，都是一场考试。所以在审题时要注意锻炼学生思维的广阔性，不要被常规思维缚住了手脚，而要大胆开拓思路，从不同的角度审视题目。

（2）指导学生多角度立意。

同样的题材，同样的体裁，如果立意不同，仍可以体现出写作者的独特风格。在立意上应指导学生立出新意，不论是记事、写人，还是状物、写景，都要多角度思考，都要有自己的新发现、新视角，说自己的话。多角度立意是培养学生创新能力的重要途径。可以从以下两个方面考虑。

一是，拓宽立意。许多事物都是有多议性的，多角度立意有利于学生发散思维的培养。例如，有位老师指导学生根据马路上私家车、电动车越来越多这一现象进行写作时，由于老师善于引导学生多角度立意，最后写出的作文有：反映社会日新月异变化快的；反映改革开放政策好，人民生活水平提高快的；反映交通事故越来越多从而提出要加强交通管理，注意交通安全的；反映私家车尾气排放严重，从而呼吁治理尾气排放，保护城市环境的。由于立意不同，作文就会迥然不同，很有创意。

二是，挖深立意。挖深立意就是要善于从事物的表面挖掘出事物的本质，引发感想，做到立意的深刻、独到。比如《落花生》一文，采取的就是挖深立意法。通过收获节上对花生好处的谈论，说明要做对别人有用的人，不要做只讲体面而对别人没有好处的人。课文《白杨》也是借物写人，讲的是一位边疆建设者在旅途中向子女介绍生长在戈壁滩的白杨，借以表达的是自己服从祖国需要，为边疆建设作贡献的志向，以及希望儿女们也能扎根边疆的心愿，文章意思含蓄深刻。这样的课文还很多，比如《画杨桃》《古井》《峨嵋道上》《爬天都峰》《挑山工》等。这些文章在立意上都可资学生模仿学习。

韩愈主张学古文要"师其意，不师其辞"。我们指导学生写作文也是同理，"师其意"，就是要学习范文的立意结构、选材剪裁等方面的优点，在仿中求创，在仿中求新，让自己的文章像学过的课文一样，慢慢做到文质兼美。

（3）指导学生选材求新。

文章的选材直接关系到中心思想的表达。在小学作文中，许多同学的作文缺乏新意，很大一部分原因在于他们选材陈旧，人云亦云，形成了一种定式思维。比如写好人好事，就写某同学拾金不昧、公共汽车上给老人让座、学习非常刻苦等。针对这一现象，作文时指导学生选材要在紧扣中心的基础上选择典型、新鲜、独特的材料。材料新鲜、独特，才能吸引人、感动人。

一篇文章，如果写的都是老掉牙的事，又没有写出自己新的认识、独特的感受，那文章就难以有人看了。由此可见，冲破思维定式的罗网，力求达到选材上的"人无我有，人有我新"，就显得十分重要和必要。选材求新除了要不断丰富自己的材料仓库以外，还要做到以下两个方面。

一是，善于选择有时代气息的材料。作文选材的富有新意，很大程度上指的是作文的材料有时代和生活气息，给读者以新鲜感。怎样让学生寻找到有新意的作文材料呢？要指导学生平时做个生活的有心人，善于捕捉身边的新鲜事物，经常阅读报刊、收看电视，参与各种有益的社会活动，并努力去写新发现、新产生的别人尚未写过的材料。即使是一件陈年旧事，也要写出自己的认识和独特的感受。

一位同学在写《小帮手》时，他选择了暑假里加入自己所居住小区的志愿者服务队，帮助处理小区内的各项工作。因为小作者选择了有时代和生活气息的材料来写，写出了一篇新鲜的、深受读者喜爱的文章。如果他选择了司空见惯的帮助邻居照看小孩，帮老师收作业本等材料来写，就没什么新意可言了。

选材时要注意反映时代和生活气息，善于从众多表现角度中选择一种新颖、别致的表现角度，使文章别出心裁、富有新意，这也是写出佳作的关键。

二是，同一主题、同一题目多角度选材。在写同一题目、同一主题的文章时，学生最容易犯选材雷同的毛病。多角度选材能有效地帮助学生走出这一困境。比如写《我的爸爸》，引导学生多角度选材，可以从性格、品质的角度选材，写爸爸的幽默、爸爸的耿直、爸爸的善良；从工作角度选材，写爸爸对待工作的态度、爸爸做出的成就；从自己的角度选材，可以写爸爸对自己的严格要求、对自己学习的帮助、对自己的关心和照顾等。这种训练，既能培养学生的发散思维，又能培养学生的聚合思维。只要冲破定式思维的羁绊，就会觉得海阔天高，有写不尽的材料；只要善于找出不同常例的新鲜材料，写出自己不同于他人的独特感受，就会写出有个性、有特点的令人耳目一新的文章来。

当然，光选材求新还不够，在语言运用、遣词造句上要流畅，要讲求新颖，注意锤炼。文章的韵味，蕴含在文章的字里行间，表达求新能润色文章、锦上添花。在作文中，有时学生积累的词语没有被激活或缺乏用来表达的词语，有必要的话，老师还可以适时地给学生输送一些词语——"雪中送炭"，以打开学生的思路，帮助学生写好作文。

另外，在布局谋篇上也可适当对学生加以指导，以具体、通顺、清楚为红线，培养学生良好的作文思路。文章的结构是文章的组织构造、材料安排的方式。同一写作内容，采用不同的结构，表达的效果就不一样。教师应该要求学生在写作时，根据表达的需要，灵活地运用不同的结构方式，增强文章结构的灵活性，逐步改变学生文章平铺直叙的现象。

2. 开放表达形式，减少作文限制。

我们提倡小学生自由作文，就是让学生放开胆量去写作文，事情是怎样的就怎么写，怎么想的就怎么表现，不拘形式，自由地把自己的见闻和想象表达出来。

现在的作文教学文体训练单一，注重记叙文的训练，忽略说明文和应用文的训练。而说明文和应用文又是直接有用于学生将来的学习、工作和生活的。文体训练的比例不当，加剧了学、用脱节的矛盾。这也是影响学生写作兴趣，导致学生厌写作文情绪的原因之一。再者，过多地强化作文的程式与字数，导致学生一写作文就严肃起来，"审题—立意—选材—列提纲—起草"，心里还得想着凑够字数。于是，学生写作文时就挖空心思写"大事"，越写越枯竭，越写越没有灵性。其实，随感而发，随情而抒，写出自己的个性体验就行。至于字数，有话则长，无话则短。比如以"菊花"为题材作文，可以写成说明文介绍菊花的种类、特点、生长过程；可以写成观察日记，记录菊花生长过程中的变化；也可以写成游记，记下观赏菊花过程中的所见所闻所想所感；还可以写成以物喻人的散文，赞美像菊花一样不畏寒霜、具有顽强品格的人们。

对于同一写作内容，可以让学生根据自己的情况去定写作的角度，去选择文体、选择材料，以求构思新、表达新。甚至在有些情况下还可以让学生自己寻找写作伙伴，利用群体优势，既可拓展写作面，寻求创新的源泉，又可发挥互助作用，让学生学会合作。

3. 扩大指导空间，讲究指导艺术。

（1）游戏中灵活地指导。要想让学生写好作文，首先要让学生喜爱作文。

在小学生最感兴趣的游戏活动中灵活地对学生进行作文指导，就是减轻学生作文的心理压力，变被动作文为主动作文的较好方式。

一位老师在一次作文练习中，先不告诉学生这是作文训练，只和学生说做一个游戏："猜猜他（她）是谁？"老师发给每个学生一张小卡片，让学生写出某个同学的特征，并提示可以从外貌、打扮、爱好、性格、特殊事例等几个方面来写，不记姓名。谁先写好谁就站起来读出自己所写的内容，让其余同学猜猜所写的同学是谁。这个游戏学生非常感兴趣，为了使别人能猜出自己所写的人，学生都极力地把同学的特征表现出来。老师也抓住机会，不断地为同学们总结出抓住人物特征的方法，灵活地对学生进行了作文的指导。于是同学们越写越好，语言也非常生动风趣，让听的人不时迸发出笑声，大家都非常轻松愉快。游戏结束了，学生还意犹未尽。这样，一次写人的作文训练在不知不觉中就顺利地完成了。

（2）活动中随机地指导。作文教学过程的开放，就是指作文教学要同社会生活、自然环境联系起来，最大限度地发挥学生的主体性，提高学生的参与度。只有学生被激发了兴趣，乐于参与，才能写出好文章。有一位老师带领学生郊游时，来到了一处风景特别优美的地方，他特意指着一棵很有特点的树发出感叹，吸引了一群学生。于是他就带着学生细致地观察这棵树，无形中把观察方法现场传给了学生，接着鼓励学生们发现并观察景色，把观察到的事物形容给大家听，要尽量能吸引听众。一下子学生就忙开了，用上了正确的观察方法仔细去观察，并且争先恐后地来到老师跟前想方设法形容出来。于是，在老师随机的指导下，学生们在不知不觉中完成了一次生动的口头作文训练。

叶老曾经向我们描绘过多么令人向往的习作境界："学生对一双宽舒的鞋是多么羡慕啊！对于自由自在地思想是多么向往呀！对于写出自己经验范围内的一切是多么有兴致呀！"这是我们共同的期盼与希冀，这是我们共同的追求与目标。

（浙江省宁波市国家高新区实验学校　陆青春）

5. 最是那一缕缕晨光
——记低段学生的一次即兴写话练习

> 写作的根源是发表的欲望；正同说话一样，胸中有所积蓄，不吐不快。
>
> ——叶圣陶
>
> （摘自《叶圣陶教育文集》，人民教育出版社，1994年）

叶圣陶是我国现代著名的作家，也是教育界思想最深刻、影响最广泛的教育家之一。他曾说过："写作的根源是发表的欲望；正同说话一样，胸中有所积蓄，不吐不快。"在作文训练中，引导学生进行即兴观察和有意观察，都是促使学生认识生活、从中获取作文素材的常用方法。写作是生活的反映，让学生立足于生活经验进行写作，是当前作文教学的新要求，笔者也正在不断地思索和实践。

一天，依旧是一个平常的星期五，吃完早饭，我拿着语文书刚要踏进教室的大门，目光不自觉地被什么吸引了：抬头望着东南边的天空，一缕缕晨光透过云层，似瀑布般倾泻下来，射下千万道金光，照在山上，山好似笼罩着一层薄薄的金纱，梦幻极了！

一、观察——"断读细看三两遍，未成佳作先有情"

如此美景怎好一人独享？扔下早读的任务，急忙打断正在读书的孩子，一组组轮流排队出去欣赏此般美景。孩子们似乎也异常兴奋，都默契地想到了课文《美丽的小兴安岭》中那句话，不约而同地说着："太阳出来了，千万缕像利剑一样的金光，穿过树梢，照射在工人宿舍门前的草地上。"

叶老在《过去随谈》中这样写道："……写作的基础是一双有洞察力和善于观察的眼睛，而我的眼睛却不怎么拥有洞察力……当然，没有必要以写作为目的而训练一个人的眼睛，对于眼睛的训练，是为了洞察现实，丰富生活。"

此刻，我想到的，并不是让学生急于去写话，而是让他们丰富视野，尽情享受。当然，接下来孩子们也给了我更多的惊喜。

二、交流——"思绪乍破话匣迸，妙语连珠想象奇"

安静地回到教室，我已经读出了孩子那按捺不住的思绪，开展了激烈的一句话交流。一双双稚嫩的小手如雨后春笋般举起，他们迫不及待地想把自己的想法告诉大家。孩子们用了想象，用了比喻，用了拟人，不需要过多的点拨，一个个都成了富有诗意的小小作家，说出来的好词好句让我"措手不及"。我微笑地看着孩子，内心是狂喜的，因为孩子的妙语连珠，着实让我大吃一惊。有的说了一次还想说，急迫地喊着："我！我！我！"我当初要求的一句话，现在已经变成了好几句，甚至是一段话了。孩子的思绪一涌，这话匣子真是想关也关不住了。

"写作的根源是发表的欲望；正同说话一样，胸中有所积蓄，不吐不快。"叶老的理论精辟至极。没有我的要求，孩子们已经迫不及待地想表达自己的想法，有了发表的欲望，自然而然，一次即兴的创作就生成了。

三、创作——"别有妙笔景中生，此时无声胜有声"

于是我就话锋一转："老师知道大家还有很多话想说，时间有限，我们马上把它们写下来。"我话音刚落，孩子们立马齐刷刷地写起来！

早读课下课铃声响起，本以为孩子们会像往常那样奔离座位，冲出教室。然而今天却是一片安静，孩子们头也不抬地写着，似乎忘记了周围的一切。"写好了放到讲台上，下课！"我走出了教室，大家似乎还是不动声色。当第一节课我走进教室的时候，仍有几个孩子舍不下自己的笔，还在奋笔疾书着，生怕漏掉一个字……有的孩子还说这周回家要写成日记呢！

四、总结——"我闻发言已感叹,又见此文更惊叹"

上课的发言已让我感叹,下课交上来的"作品"更着实让我惊叹:就一个阳光照射的场景,竟密密麻麻写了好几大段。以下展示部分学生的习作。

成　烨:早上,太阳公公上班了,推开他那扇云做的门,坐上那驾黄金马车,来到人间,洒下光芒,光汇成长河,川流不息地流着。他见到月亮婆婆,便说:"月亮婆婆,您该下班了。"就这样,太阳公公又开始了一天的忙碌……

倪　炀:太阳公公像一位画家,照到山上,山变得更加绿了;照到花朵上,花儿更加娇艳了;照到我们身上,我们更加暖和了。

陈佳盼:太阳公公起床了,抖抖厚厚的被子,许多淘气的小阳光蹦蹦跳跳地跑了出来,洒落人间。

张　帆:灿烂的光芒照射在崇山峻岭上,那凹凸不平的山像一个可爱的小孩似的,在太阳的怀抱中迷迷糊糊地睡着了。

张汶晋:太阳公公像在参加跑步比赛,跑过彩虹桥,跑过白云宝宝,跑过山坡……太阳公公每跑一步就会洒下一点温暖。

杨哲烨:早晨,太阳公公打开了那扇洁白的窗户——云,然后又把一个装满了阳光的瓶子打开,把那暖暖的阳光洒落在人间。阳光照在大地上,给大地带来了温暖;阳光照到小树上,小树变得生机勃勃了;阳光照在我们的脸上,我们的脸上就挂满了笑容。

太阳公公可真客气,把这么美好的东西送给我们,我们要谢谢它!
……

孩子们不仅会用比喻、拟人、排比等修辞手法将句子写得生动形象,而且还充满了想象,无不展现了孩子们天真烂漫的个性。我感谢这一晨光的赐予,让孩子们能天马行空,成为让我引以为傲的"小作家"。

五、反思——"课终收稿细细品,冥思苦想积经验"

课后,看着孩子们的文字,我细细思索着:这次意外的习作之所以能如此成功，我觉得原因有二。

一是，要发现身边素材，激发表达欲望，让学生爱说。

"写作的根源是发表的欲望"，语文是生活化的课程，要让孩子们学语文、用语文就要回归生活。这次习作就是从生活中去挖掘美的素材，而身边瞬间的美景是学生喜欢观察的对象。学生爱观察，自然而然便会有真情流露。有了可表达的材料，孩子们自然也愿意表达。所以及时地挖掘身边的可写材料非常重要。

二是，要培养发散思维，加强有效引导，让学生说好。

如果想要看到孩子们的真实思维，就一定要打破思维定式和惯有记忆。于是我就在交流初期引导孩子尽量不要用学过的句子，这样孩子们的思维才能无限发散。然后要时不时地抓住孩子的几个答案进行有的放矢的指导，去引导孩子怎样才能说得清楚，说得精彩。比如一个孩子说："太阳公公一起床就来人间健身，它飞越高山，跳过房屋，跨过平地，也让我们变得更加勤劳。"我马上点评他能用"健身"来形容阳光四射，形象生动，然后就有很多孩子开始说出"跨栏比赛""开窗户""抛金彩带"等一系列形象的动作。再比如夸赞一位同学修饰语用得贴切，那其他的孩子也会不自觉地开始注意自己的修饰语，"金灿灿的笑脸""一缕缕金灿灿的丝绸""软绵绵的云朵宝宝""密密层层的金灿灿的细沙"等词组相继出现。孩子们会因为同学的一个妙句，老师的一个点评，而不自觉地向好的语言方向靠拢。针对孩子的发言，教师一定要适当地及时地给予点评和引导，让他们在有效的时间里提高说话能力和写话水平。

身边的素材是学生喜欢写话的基础；教师的有效引导是学生语言发展的助手。双管齐下，方能最大限度地促进学生的写话水平。

原来，美，无处不在，只是我们缺少发现美的眼睛；

原来，写作题材，无处不在，只是我们缺少一份闲心去欣赏。

习作源于生活，做一个细心的教育者吧，让我们的孩子爱上习作！

(浙江省余姚市实验学校　任华芬)

6. 浸入语境来朗读

> 该激昂处还它个激昂，该委婉处还它个委婉，该悲凉处还它个悲凉。
>
> ——叶圣陶
>
> （摘自《叶圣陶教育文集》，人民教育出版社，1994年）

在教学《特殊的葬礼》一课时，为了指导学生更好地理解课文，我先请他们分别找出文中描写塞特凯达斯瀑布"昔日"与"现在"不同景象的句子。在朗读时，学生们紧扣重点词句，沉浸到文本描述的语境中，读得有滋有味。

师：同学们，找出书上分别描写大瀑布"昔日"与"现在"不同景象的句子。读一读，再说说它不同时候的特点。

（学生找出句子，自由朗读。）

（出示：原来，塞特凯达斯瀑布曾经是世界上流量最大的瀑布，汹涌的河水从悬崖上咆哮而下，滔滔不绝，一泻千里。）

师：谁能读好这句话？

（一学生很投入地朗读，尤其重读"咆哮而下、滔滔不绝、一泻千里"等关键词语。）

师：你读得非常投入！能用一些词语概括"昔日"塞特凯达斯瀑布的特点吗？

生：塞特凯达斯瀑布很壮观。它咆哮而下，滔滔不绝，一泻千里。

（师板书：咆哮而下、滔滔不绝、一泻千里。）

师：（指"咆哮而下"）读一读这个词！

生：（声音响亮，着力突出"咆哮"）咆哮而下。

师：很有气势，让我们仿佛身临其境。（指"滔滔不绝"）这个词怎样读才好？

生：（仍然响亮有力）滔滔不绝。

师："滔滔不绝"写出了大瀑布的什么特点？

生：水流量很大，水流得很急还不断绝。

师：水流不断，滚滚而下。这"滔滔"两个字能一带而过吗？你延长了读读看！

生：滔——滔——不绝。

师：好不好？

生：好。

师：为什么？

生：这样读，更能表现出塞特凯达斯瀑布水流不断、滚滚而下的特点。

师："一泻千里"这个词又该怎样读才好？

生：一泻千里。

师：你读出了塞特凯达斯瀑布"千里"之高的特点。再表现出它的快呢？

生：一（↗）泻千里。

师：三个词尽管都是写塞特凯达斯瀑布雄伟壮观的气势，但表现的角度不一样。根据它们表现的不同特点，我们朗读的语调，节奏的快慢也有所变化。把这些词放到句子里，我们同样能读好写大瀑布"昔日"景象的这句话。

（生齐读。）

……

师：现在的塞特凯达斯瀑布是什么样子的？

生：几年过去了，塞特凯达斯瀑布逐渐枯竭，再也见不到昔日的壮观气势。它在群山之中无奈地低下了头，像生命垂危的老人，奄奄一息，等待着最后的消亡。

师：你对句子的理解很深刻，一下子就发现这句话写出了大瀑布"生命垂危""奄奄一息"的特点。这两个词你再读读！

生：（响亮有力）生命垂危，奄奄一息。

师：（微笑）我听出的是勃勃生机。

（学生若有所悟，跃跃欲试。）

师：你试试！

生：（低缓）生命垂危，奄奄一息。

师：再微弱一些！

生：（低低地，缓缓地）生命垂危，奄奄一息。

师：把这些词语放到句子里面，谁来读好这句话？

（生再读，读得入情入境。）

日常教学中，我们经常发现不少学生所理解的有感情地朗读就是重读关键词语。这真是个大大的错误。朗读的基础应该是理解。从对整篇文章基调的把握到对一句话、一个词的准确理解，都需要读者细细揣摩，了然于心，才能发之于声。比如该课例中，"咆哮而下、滔滔不绝、一泻千里"与"生命垂危、奄奄一息"都是描写大瀑布特点的关键词语，学生找出这些关键词后，为了表现这些词语的特点，往往提高嗓门把它们重读出来，以为就是有感情了。这样，实在是谬之千里。如同每个学生都是独一无二的个体一样，一个词也有它独特的个性。"咆哮而下"与"奄奄一息"便是截然不同的两种"个性"。"咆哮而下"自然可以高亢激昂地朗读出，而"奄奄一息"的特点，只有轻柔的、缓缓的，甚至是显得衰弱无力的语气才能表现出来。正如叶圣陶先生所说："该激昂处还它个激昂，该委婉处还它个委婉，该悲凉处还它个悲凉。"

在指导学生有感情朗读时，我们也应该让学生了解更多的朗读技巧。除重读之外，语调的抑扬、节奏的缓急、语速的快慢等等，都是朗读的技巧。"咆哮而下"与"滔滔不绝"同写大瀑布雄伟壮观，然而角度不同，朗读时也该作不同的处理。声音洪亮有力有助于表现"咆哮"，而绵绵不绝的气息更有助于表现"滔滔"。这细微处的差异，却正体现出了我们对语言文字的准确理解。

学生在朗读时，如果能把这些关键词语理解到位，浸入到具体的语境中，那么读好一句话、一段话、一篇文章，自然水到渠成。而这样朗读，学生才能读出味道，读出情趣，读得兴致盎然。

（江苏省苏州工业园区第二实验小学　周　乐）

7. 当学生成为课堂的主人

> 把学生看成有生机的种子，本身具有萌发生长的机能，只要给予适宜的培育和护理，就能自然而然地长成佳谷、美蔬、好树、好花。
>
> ——叶圣陶
>
> （摘自《叶圣陶教育文集》，人民教育出版社，1994年）

"把学生看成有生机的种子，本身具有萌发生长的机能，只要给予适宜的培育和护理，就能自然而然地长成佳谷、美蔬、好树、好花。"读到叶圣陶先生的这句话，作为生物教师的我深有感触。学生本身具有发掘探讨的能力，而这种能力的激发和培养，正是我们一线教师的工作。如何让学生把依赖性的受教育，转变为主动性的自我教育？在《开花和结果》的教学中，我作了以下尝试。

一、生活引入，调动学生学习兴趣

在课堂导入中，我用课件展示了几幅学生常见的桃花的图片，学生都很欣赏。接着，我又展示了桃花凋谢结出桃子的图片，让学生从整体上感知开花和结果是一个连续的过程。我借机提出问题：为什么开花之后会结出果实？开花和结果有什么关系？花是怎样变成果实的？通过问题驱动，激发学生的兴趣，引领学生主动探究。

二、借用实物，激发学生自主探究

在学习这一节时，正值校园里杏花盛开时节，我选用杏花为实验材料，从学生周围取材，学生学习兴趣更加浓厚。上课伊始，我发给每位学生一朵杏花，首先让学生欣赏一下杏花的美丽，然后指导学生对照课本上的观察与思考，按由下向上、由外到内的顺序依次认识花柄、花托、萼片、花瓣、雄蕊、雌蕊等结构，尤其是雄蕊和雌蕊的组成。学生在自主观察的同时，我巡回指导。有的学生有疑问：沾在手上的黄色物质是什么？子房在哪儿？我并没有直接告诉他答案，而是让其他同学帮他解答。这样通过学生自主探究，相互解答疑难，学生很容易就了解了花的结构。

学完花的结构，我又提出问题："由这朵杏花到结出杏，中间要经历哪些过程？"很多同学都知道是传粉和受精。"什么是传粉？传粉方式有哪些？什么是受精？受精的过程是怎样的？"学生根据我提出的这四个问题，先阅读教材，自主解决，然后我借助多媒体动画展示传粉和受精的过程，并让学生尝试用自己的语言来描述，这样既培养了学生自主学习的能力，又培养了学生组织语言、口头表达的能力，并让学生学会倾听、分析和思考。

三、问题引导，指导小组合作探究

"果实和种子的形成"是本节课的重点和难点，内容比较抽象，为此我先用课件展示了一系列问题：受精完成后花的各部分结构发生了什么变化？子房、子房壁、胚珠、珠被、受精卵、受精极核将分别发育成什么结构？然后组织学生小组合作，探讨这些问题。通过交流展示，学生能明确果实和种子的形成过程。我再用多媒体动画展示果实和种子的形成过程，加深学生对知识的理解。

四、构建知识框架，学生自主总结

首先，让学生自主梳理知识点，并以框架图的形式对本节课的三个标题——"花的结构""传粉和受精""果实和种子的形成"进行小结；然后，组内交流，选出最佳知识框架在全班展示；最后，我总结提升，帮助学生理解有性生殖的过程，让学生认同花、果实、种子对被子植物繁衍生息的重要意义。

在本节课中，通过创设真实生动的情境，激发学生自主学习的热情；利用实物引导学生参与课堂教学活动,进行积极的自主探索;通过有价值的提问,启发学生思考,自主领悟新知;通过指导多种训练,促使学生对自己的学习进行调控,让课堂"活"起来,使学习生动起来。本节课学生自始至终主动参与教学的全过程,学生是课堂的真正主人。

(山东省沂源县历山中学　崔田田)

8. 贵在自得

> 一切知识和能力的获取靠自得；外力灌注是无济于事的，必须靠受教育者自己尝试着去做，尝试着按照规定的要求去做。
>
> ——叶圣陶
>
> （摘自《叶圣陶教育文集》，人民教育出版社，1994年）

戏剧是文化艺术百花园中的一朵奇葩，很多优秀的中外戏剧作品感染、影响着一代又一代的人，成了人们重要的精神食粮。高中的语文课本中，选入了一些优秀的中外戏剧篇目，其目的是让中学生在此阶段感受戏剧的魅力，学习鉴赏戏剧的基本方法，初步把握中外戏剧各自的艺术特性，从不同的角度和层面解读戏剧作品，提高阅读能力和鉴赏水平。但是戏剧与其他文学样式相比，篇幅比较长，要整体感知，有一定困难。从学生的接受水平看，由于他们的知识积累和生活经验贫乏，解读戏剧难以与作者产生共鸣。在这样的现实面前，如何设计才能让学生感受到戏剧的价值？如何让学生去感受戏剧的魅力？这是我一直在思考的问题。

读了《叶圣陶教育文集》，我有了答案。叶圣陶先生认为："一切知识和能力的获取靠自得；外力灌注是无济于事的，必须靠受教育者自己尝试着去做，尝试着按照规定的要求去做。"我决定放手，让学生尝试去做。如通过表演课本剧《茶馆》来激发学生学习戏剧的兴趣，创设愉悦的课堂情境，让学生在体验中自主地去获取戏剧的相关知识，将学生深深地引入到课文的字里行间，让学生在排演中学习，在学习中探究，让学生的实践活动贯穿于整个学习过程的始终，把学生的个人知识、直接经验、生活世界看成重要的学习资源，鼓励学生探索、发现、创新，演出自己的特色。

一、阅读原著，自悟

对于教育，叶老提出过一条著名的原则，即"教，是为了达到不需要教"。他说："我近来常以一语语人，凡为教，目的在达到不需要教。"所谓"不需要教"，是怎样的一种境界呢？就是：自能读书，不待老师讲；自能作文，不待老师改。换句话说，就是具备了自我教育的本领。一个受过教育的人必须是一个具备足够自学能力的人，能够随时随地进行自我教育的人；否则，算不得是个受过教育的人。

语文教学不能脱离文本，重要的是品味语言，感受语言的魅力。"读"是其他环节的基础。为了更好地让学生了解老舍的戏剧，我给学生印发了戏剧的完整剧本，让学生自读戏剧，独立感悟。在这个环节中，每个学生都会对人物的命运有一个完整的把握，对剧情有一个完整的印象。在整体阅读的基础上，学生对每一个人物会有一个初体验。尊重学生的理解，让学生在参与中都有发言权。由于内容不再局限于僵化的书本，而是辐射到更宽广的领域，课堂狭小的时空无法承载其丰富的内涵，这就促使学生走出书本和课堂，利用图书馆、网络，最大限度地搜集资料，把课内课外联系起来。允许学生按自己的理解以及自己熟悉的方式去解决问题，允许学生按各自的能力和所掌握的资料以及各自的思维方式得出不同的结论，不追求结论的唯一性和标准化。在这里学生的个性见解得到了充分的尊重，个性特点得到了充分发挥。

二、排演戏剧，自演

传统的语文教学只限于教师的讲练，难以调动学生的兴趣，学生不愿学。而排演戏剧，又是自己改编过的戏剧，学生的情绪非常高涨，不用选演员，学生就积极踊跃地挑选适合自己的角色。

叶老曾经说在现代社会要做个"够格"的现代人，应该掌握的知识太多太多，说也说不尽。各种教育机构只能取其重要的、基本的，作为例子教给学生；其他的更多的东西，必须由学生学会举一反三，自己去学习，去研究，去掌握，去扩充。

1. 在探究中互学。

这个环节是学生自主深入的一个学习过程，他要研究人物，他要研究时代，他还要研究表演的状态、表演的技巧。也就是从作品的故事情节到人物形象的塑造，从思想内容到语言特色等，各个方面都要进行思考探究。而这些内容课本上是没有的，同学们就要走出课堂，走到生活中去，利用各种渠道，去学习，去研究。这样的学习过程是实实在在的学生自学、互学的探究过程。

2. 在合作中互助。

老舍的戏剧人物众多，要排演成功需要每个人的合作和团结。我把这个环节交给了学生，让总导演带领着两个副导演进行排演。在整个排演的过程中我给学生足够的自主空间和足够的活动机会，使学生成为学习的主人。学生呼吸着自由的空气，体验着自我的价值，良好的心理体验焕发着学生的学习兴趣，合作学习改变了传统课堂的社会心理气氛，突破了只能让少数人成功的教学现状。表演戏剧可以促使学生产生积极的情感换位：在扣人心弦的矛盾冲突和人物的灵魂对白中，亲历内心的汹涌和情感的起伏，以某个角色直接进入情感共鸣的状态，从而获得更加真切深刻的体验。而且在这种群策群力、集体参与的角色体验中，教学的群体性特征更为突出，学生之间、"角色"之间以及整体氛围与角色之间都会互相影响，从而使学生对人物的理解和对情感的体悟更加深刻。

三、品评人物，自赏

这一个环节，让全体学生都参与进来，让戏剧这种对话艺术，为全体学生所了解，所熟知。在观看的过程中学生对学习内容不但要自我解读，自我理解，而且要学会表述，学会倾听，学会采纳。这不仅能满足学生学习和交往的需要，更有助于形成学生学习和交往的技能，促进学生学习能力和生活能力的发展。演出结束后，配合多方的评价、深入的交流、同学们思想的碰撞，促使学生的体验走得更远，向下向后继续延伸。要求演员讲体会、理解，观众谈观感、建议，然后老师再作点拨、引申，使学生（无论观者还是演者）的体验在自己的回味感悟、别人的"旁敲侧击"和老师的"推波助澜"中

"曲径通幽"实现飞跃,达到学生满意、老师快慰的教学效果。

像叶老所说的那样,坚信教育的原则在"自求得之",还须充分认识任何受教育者都有"自求得之"的内在潜力。把求知的主动权交给学生,使教学过程成为一个在教师指导下由学生求知的过程。为了求知,学生必须运用智力,认真探索,因此,在获取知识的同时,也就相应地发展了智力。学生在欣赏戏剧、表演戏剧的过程中,不仅体验到戏剧独特的魅力,获得关于戏剧的深刻理解和体会,也培养了听、说、读、写的语文能力、活动能力、审美能力、组织能力、思维能力、创造能力,树立了积极向上的人生观,更难能可贵的是激发了学生的创新欲和探究欲,从而使学生获得"具有永久意义的铸造",实现生命的成长与提升。

(北京市大峪中学　王秀利)

吾思篇

把依赖性的"受教育"转变为主动性的"自我教育"。

——叶圣陶

（摘自《叶圣陶教育文集》，人民教育出版社，1994年）

学校与管理

1. 叶圣陶的教学观、教材观、师生观对当今教育的启发

> 教育所以可贵,乃在能为儿童特设境遇使他们发生需求,努力学习。
>
> ——叶圣陶
>
> (摘自《叶圣陶教育文集》,人民教育出版社,1994年)

一、关于教学观

1. 以人为本、不教之教的教学理念。

叶圣陶先生虽然认为语文是一门工具,但在教学理念上,与一些排斥人文教育的极端工具论者不同,他有一个伟大的人文主义口号:"教是为了达到不需要教。"

1977年12月叶圣陶在给《中学语文》的题词中说:"我想,教任何功课,最终目的都在于达到不需要教。假如学生进入这一境界,能够自己去探索,自己去辨析,自己去历练,从而获得正确的知识和熟练的能力,岂不是就不需要教了吗?而学生所以要学要写,就为要进入这样的境界。给指点,给讲说,却随时准备少指点,少讲说,最后做到不指点,不讲说。"

启发:

叶老的这种"不教之教"的教学理念阐明了教与学的辩证统一关系,为我们处理教与学这一对矛盾提供了理论依据。在教学中,教是手段,学是目的;教学的"最终目的为:自能读书,不待老师讲;自能作文,不待老师改"。教师的教授方式不应当是"填鸭式"的"满堂灌",而应是启发诱导;学生从教师那里学到的不仅仅是知识,最紧要的是学到能够进行自我教育的学习方法。

2. 以养成习惯为高标的的阅读教学观。

叶圣陶在《国文科之目的》一文中明确指出,语文学科的目的是"整个的对于本国文字的阅读与写作的教养"。换句话说,语文教学的目的就是要使学生"养成阅读能力"与"养成写作能力"。可见,他认为阅读教学是语文教学的一个非常重要的组成部分,是其"半壁江山"。并且阅读与写作是紧密相连的:"阅读是吸收,写作是倾吐,倾吐能否合于法度,显然与吸收有密切联系。""阅读与写作是一贯的,阅读得其法,阅读程度提高了,写作程度没有不提高的。"因此,他在阅读教学方面多有论述。

(1) 在阅读教学目的方面。叶圣陶认为,阅读教学的目的"首在养成读书之良好习惯。教师辅导学生认真诵习课本,其意乃在使学生渐进于善读,终于能不待教师之辅导而自臻于通篇晓明。课外更选读本,用意亦复如是"。

叶老的这种"习惯论"是基于他对阅读的意义的深刻理解之上的:"'凭文字吸收'与'用文字发表'都是随时需要的事。大凡一辈子需要的事最需养成好习惯。……好习惯已经养成,足够一辈子受用。"

(2) 在阅读教学任务方面。在以"养成习惯"为目的的阅读教学思想指导下,1945 年,叶圣陶先生在《国文教学·序》中提出了阅读教学的三重任务:训练理解的能力;传播固有的和现代的文化;提供写作的范本。这三项任务,以培养阅读能力和习惯为主,同时兼顾文化即人文内容的传播及写作范本的提供,全面而平衡。

(3) 在阅读教学过程方面。叶圣陶把一篇课文的阅读教学过程分三个阶段:预习—讨论—练习。预习是训练阅读的主要阶段,也是整个训练过程的准备阶段。它是学生独立阅读的开始,有利于培养学生阅读书籍的习惯。讨论是训练阅读的中心环节。它是师生集体阅读的阶段,是预习的延伸,有利于纠正预习中的错误，弥补个体阅读中的不足。练习是整个阅读教学过程的最后阶段。或吟诵文本，向纵深处理解；或参读相关文章，向广度延伸；或应对教师考问，把前后所学勾连起来。经过经常的练习，最终形成习惯。

（4）在阅读方式方面。叶圣陶主张精读和略读相结合。他从精读和略读的地位、效果与功能三个方面作了准确阐述：精读是主体，略读是补充；精读是准备，略读是应用；精读是"举一"，略读是"反三"。

3. 以生活为源泉的写作教学观。

叶圣陶先生认为：（文章）是生活的一部分，是一种发明，一种享受。唯有生活才是作文的源泉：生活犹如泉源，文章犹如溪流，泉源丰盈，溪流自然活泼泼地昼夜不息；生活充实到什么程度，就会作成什么样的文字。因而只有"生活充实，才会表白出、发抒出真实的深厚的情思来"。叶圣陶先生在写作教学上的观点和主张基本上都是建立在这种他对生活与写作关系的独到见解之上的。

首先，在写作内容上，叶老主张"求诚"。他说，作文要写出诚实的、自己的话，鸣出内心的感受。"假如有所表白，这当是有关于人间事情的，则必须合于事理的真实，切乎生活的实况；假如有所感兴，这当是不倾吐不舒快的，则必须本于内心的郁积，发乎情性的自然。这种要求可以称为'求诚'。"也就是说"要写出自己的经验"。

叶圣陶的"求诚"观，主张学生"我手写我口"，或叙写自己的身边人、身边事，或述说自己内心的真情和实感。这从根本上改变了学生写作时感到"无话可写"的尴尬处境，使他们不仅感到有话可写，而且乐于去写。

其次，在写作教学目的上，叶圣陶先生认为应立足于"应需"。"练习作文是为了一辈子学习的需要，工作的需要，生活的需要，并不是为了应付升学考试，也不是为了当专业作家"，故课内外作文的训练必须立足于"应需"。他说："惟练似宜通乎课内课外，不宜专以课内作文为主。课外应需而作文，固用也，而亦练也。学生能明乎此，则随时随处认真，不以课内作文为特殊事项，进步殆可较大。复次，课内作文最好令作应需之文，易言之，即令叙非叙不可之事物，令发非吐不可之议论。课内练习，固将求其应需，非欲其徒然弄笔也。"

再次,在写作训练的方式上,叶圣陶认为应以"写生为主,临摹为辅"。作文之形式为文字,其内容实不出思想情感两端。以言思想,则积理必富而为文始佳。若但读物得宜,便令仿其词句,握管撰作,则收效犹薄。因为"学写文章从临摹的方法入手,搞得不好,可能跟一个人的整个生活脱离,在观念上和实践上都成了为写作而学习写作。还有,在实践上容易引导到陈词滥调的路子上,阻碍自己的独立思考和创意铸语。通常说的公式化的毛病,一部分就是临摹来的"。

这种"写生为主,临摹为辅"的写作训练观是以他对语言形式与思想内容二者关系的认识为基础的。他说:"盖文之所载者实质,而文之所以成者方术也。质之不存,术将焉用?昧乎此而但以作文练习作文,不及其他,其卒无成效,固应得之果矣。或者乃专务形式方术,以文篇之峭拔波折,字句之研练雕琢,为作文之进步,而于内容实质转无所措意,亦舍本逐末矣。"这对那些妄图以纯技能训练来提高学生作文水平的做法从理论上作了否定。

最后,在作文的评价上,叶圣陶先生认为其客观依据是"通而且好"。"通"即词使用得适合,篇章组织得调顺。"好"的标准是诚实与精密。"诚实"是有什么说什么;"精密"是文字里要有写作者深挚地发现、亲切地感受到的意思情感,而写时又能不漏失它们的本真。这里,我们可以看出,"通"只是作文最低度、最起码的要求,"通"而且"好",才能引起观赏者的感兴,并给写作者以创造的喜悦。

启发:

叶圣陶对"通"与"好"这两个写作程度的理解,既顾及了作文本身的语言形式和思想内容两个方面,又注意到了学生个体写作水平的差异,避免了对学生作文评价的"一刀切"的弊端。这对我们建立科学的作文评价标准不无启示。

二、关于教材观

教材是教学的基本要素。从古代《三字经》《百家姓》《千字文》等蒙学读物、"四书五经"等成人教材到现在的国家统编教材及各地方自编教材,教材的科学化、现代化经历了一个不断演变的过程。叶圣陶作为我国现代语文教材的奠基人，他不但亲自编写了二三十部教材，而且逐渐形成了一套关于语文教材的理论，对我国语文教材的编撰工作影响颇深。

1. 教材的性质和作用。

他在《谈语文教材》一文中说："语文教本只是些例子，从青年现在或将来需要读的同类的书中举出来的例子；其意是说你如果能够了解语文教本里的这些篇章，也就大概能阅读同类的书，不至于摸不着头脑。"到1978年他的观点更加明确："语文教材无非是例子，凭这个例子要使学生能够举一反三，练成阅读和作文的熟练技能。"简言之，叶圣陶先生认为，教材就性质而言，它是"例子"；就作用来说，它是"凭借"。

2. 教材的编选原则。

既然教材是"例子"，那么教材也当具有"例子"的一些特点。我们知道"例子"最突出之处就在于其具有示范性。也就是说，"例子"是它所属的那一类题材中的"典型"，具有那一类题材的典型特征。鉴于此，叶圣陶先生从两个向度上阐述了语文教材编选的原则。

其一，就文本而言，首先要文质兼顾。"吾人首须措意者，所选为语文教材，务求其文质兼美，堪为模式，于学生阅读能力写作能力之增长确有助益，绝不宜问斯其文出其何人，流行何若，而惟以文质兼美为准。"其次要放宽选材范围，兼顾各种文体，特别是应用文应该入选，应用文应该成为国文教学上的一个重要项目。"洋洋洒洒的富有情趣的材料固然选取，零星的便笺、一条一条的章则、朴实干燥的科学记叙等也（应）选取"。最后，中学国文教材应新旧兼备，文白并重。

其二，从可操作性来说，教材要真正实现其"凭借"的作用，使学生能够借之实现学习迁移，就必须从学生的实际需要去考虑。教材编选应"顺自然之趋势，而适应学生之地位"。学生的年龄、兴趣、爱好等生理心理特征及现实的生活经验、认知结构、接受水平应当成为教材编选的一条重要原则，使他们易于接受，乐于学习。因此，"非儿童所需要，就不要强为授予，即使教者心赏某文，玩索有素，亦不可选为教材"。比如，考虑到小学生生活经验较浅，接受能力较低，所以他主张"于读物则力避艰古，求近口说"，"宜用纯语体"。

3. 教材的使用。

以教材的"例子说"为依据,叶圣陶认为语文教学不该只是"逐字逐句讲解",而应重在指导学生实地去训练,依着教本所提供的"例子"去训练,从而能"自决""自辨""自奋""自探"。1915年叶老在尚公小学执教时,当时各学校,"或有不用课本,专事选读者;或者拘泥课本,顺次讲诵者。一则漫无范围,恐失其之滥;一则执成不化,恐失其之死"。叶老"鉴此二弊,将课本斟酌活用",采用教科书,但不拘泥于教科书;有选择地自选一些文篇充实教科书。这样做,"教材既无过量,学者自获实益"。

三、关于师生观

教师与学生是教育教学中的主体,是人的因素,最具主观能动性。师生观的正确与否,小而言之,可以影响教学效率的高低;大而言之,事关整个教育事业的成败。叶圣陶先生受过旧式私塾教育,又亲躬现代教育几十年,在亲身感受、新旧对比之中逐渐形成了他科学的师生观。

首先是"学生本位"的学生观。叶圣陶认为,教育的总目标是要把学生"造成健全的公民"。所以,一切教育必须以学生为出发点和最终归宿,即以学生为本位。他说:"这个认识是根本,是源头,不抓住根本,不探到源头,培养工作就成无本之木,无源之水,结果必然是培养不好,徒劳无益。"

叶圣陶的"学生本位观"渗透在他的教育理论的各个方面。在小学国文教学方面,他主张应该充分考虑儿童的需求、兴趣。"教育所以可贵,乃在能为儿童特设境遇使他们发生需求,努力学习。所以国文教授也须为学童设备一种境遇,引起他们的需求",而"非儿童所需要,就不要强为授予";在作文命题及读物选择方面,他强调"须认定作之者读之者为学生";在教学方法使用方面,他说"教师当然须教,而尤宜致力于'导',导者,多方设法,使学生逐渐自求得之,卒底于不待教师教授之谓也","所谓教师之主导作用,盖在善于引导启迪,俾学生自奋其力,自致其知"。1980年他在谈到当时一些学校盲目追求升学率时指出:"学校要对全体学生负责,不能只抓毕业班忽视非毕业班,不能只抓少数'尖子',放弃大多数学生,如果忽视非毕业班,放弃大多数'非尖子',这就毫无道理,简直没有一点教育的气味了。"

如果说，叶圣陶的课程观基本上体现其工具教育的主张，那么在学生观里则可以明显嗅到其鲜明的人文教育气息。认清了这一点，当前语文界一直纠缠不清的工具和人文之争也许就可迎刃而解了。

其次是教书与做人合二为一的教师观。叶老认为教师既要"教书"，更要"育人"。在"教书"方面，教师不仅要把自己的知识毫无保留地传授给学生，还要把探讨走的途径，研究用的方法，查阅到的"冷僻的书"，以及收集到的"难得的材料"，"在学生面前尽量公开"，尽心竭力帮助学生扩充他们的知能。在"育人"方面，教师不能"无视是非善恶""失却了国民的身份"。因为"教育者教的固然不过某学科某课程，但是某学科某课程之外还有'身教'，而'身教'的凭籍，最重要的明是非，辨善恶，……有见必言，有言必践；即以此立身，同时也以此为教"。所以，做教师的人应该有"作之君，作之亲，作之师"的气魄。

叶圣陶先生这些精辟的论述可谓是对"学高为师，身正为范"的最好注解，是身为人师的基本准则。

虽然，本文把叶圣陶的师生观分成学生观、教师观两个方面来加以论述，但究其本质，还是以学生为本位的学生观占主导地位。他的教师观是由其学生观决定、衍化而来的。他的学生观可以用位于他故里的苏州大学的校训来作一简要表述：一切为了学生，为了一切学生，为了学生的一切。

叶圣陶先生以其超前的思想、超人的睿智和超常的毅力为我国的语文教育事业作出了不懈的努力，留下了许多宝贵的思想财富——涵盖面之广，论述度之深，并不是这一篇"雕虫小文"所能够包容下的。他的一些重要的语文教育思想还有待于我们进一步地去研究、探讨、挖掘，以资今世之用。

（张晓霞　整理）

2. 要怎么"教",才能达到"不需要教"

> 教是为了达到不需要教。
>
> ——叶圣陶
>
> (摘自《叶圣陶教育文集》,人民教育出版社,1994年)

"教是为了达到不需要教",是著名教育家叶圣陶先生在20世纪60年代初提出的一句名言。这一重要的教学思想,告诫教育者要善于诱导和启发,培养学生的自学能力,达到"疑难能自决,是非能自辨,斗争能自奋,高精能自探"的主动境界。他的教育思想,对指导当代的教育实践具有重要的意义。

一、"教是为了达到不需要教"的提出

1962年1月22日,叶圣陶发表了《阅读是写作的基础》一文,指出:"在课堂里教语文,最终目的在达到'不需要教',使学生养成这样一种能力,不待老师教,自己能阅读。……因此,一边教,一边要逐渐为'不需要教'打基础。打基础的办法,也就是不要让学生只是被动地听讲,而是想方设法引导他们在听讲的时候自觉地动脑筋。……怎样启发学生,使他们自觉地动脑筋,是老师备课极其重要的项目。"据我掌握到的资料,叶圣陶关于"不需要教"的完整提法是从这次开始的。这个新观点的提出,可谓石破天惊,振聋发聩,立即在我国语文教育界引起了强烈的反响。

此后,叶圣陶又在许多场合多次阐明了这个教育观点。

1962年7月23日,他在给一位语文老师的信中说,教育"如扶孩子走路,虽小心扶持,而时时不忘放手也。我近来常以一语语人,凡为教,目的在达到不需要教。以其欲达到不需要教，故随时宜注意减轻学生之依赖性，而多讲则与此相违也"。在这里，他非常明确地指出，教师要引导学生自求得之，要鼓励学生不依赖教师。为此，教师在课堂上就绝不能多讲。教师讲多了，学生不肯动脑筋，自求得之的能力就无从培养；教师讲多了，学生不用动脑筋，就只会依赖老师了。时间一长，就永远也达不到"不需要教"的理想境界！

1963年6月，叶圣陶在评改一位初中语文老师的工作汇报时指出："尽心尽力地教，目的在达到不需要教。学生真正不需要教了，这才是教学工作和教育工作的大成功。所以语文教师的责任并不是专为学生讲书和批改作文。尽到责任还要推进一步，讲书要达到不需要讲，学生自己能够读书；批改作文要达到不需要批改，学生自己能够认真下笔，完稿之后又能够斟酌修改。"1963年7月27日，叶圣陶又在给一位中学语文老师的信中写道："阅读教学之目的，我以为首在养成读书之良好习惯。教师辅导学生认真诵习课本，其意乃在使学生渐进于善读，终于能不待教师之辅导而自臻于通篇明晓。"

众所周知，一个年轻人离开学校走上社会，不可避免地会碰到各种各样数也数不清说也说不尽的问题，有思想方面的、工作方面的、生活方面的、学习方面的、交际方面的、婚姻方面的，所有这些问题，既不可能依靠老师，也不可能依靠父母，只能主要依靠自己。而培养出能够依靠自己解决和处理问题的"精干"之才——社会的合格成员，国家的合格公民，正是叶圣陶心目中理想的育人观。"教是为了达到不需要教"的主张体现了叶圣陶的这个育人观。

1983年8月6日，九十高龄的叶圣陶在接见民进外地来京参观教师茶话会上又说："刚才有一位同志说到我说过'教是为了不教'。后来我加了四个字：'教是为了达到不需要教。'我觉得这样表达比较明白。是不是不教了，学生就学成了呢？非也。不教是因为学生能够自己学习了，不再需要老师教了。不要说小学毕业就学完了，中学毕业也没有学完，大学毕业考上了研究生，也不能算毕业。世界上的事情是学不完的，无论是谁，都要学习一辈子。咱们当教师的要引导他们，使他们能够自己学，自己学一辈子，一直学到老。……达到不需要教，就是要教给学生自己学习的本领，让他们自己学习一辈子。"

"教是为了达到不需要教"的教育思想,是叶圣陶对我国历代著名教育家教育理论的批判、继承和发展。他既肯定了孔子、王守仁等教育家关于"不愤不启,不悱不发"和"自求得之"这种提倡教师启发诱导,学生独立思考的教育主张,又严肃地剖析了旧式教育的糟粕。

叶圣陶在多次讲话和文章中对"教师讲,学生听"的教法表示了极大的质疑:"教师果真是只管'讲'的吗?学生果真是只管'听'的吗?一'讲'一'听'之间,语文教学就能收到效果吗?"事实证明,"教师只管讲,学生只管听"的做法,与从前旧式教育的教法几乎是一模一样的,是一种非常陈旧落后的方法。按照这种方法,学生永远都只能依赖老师,永远都达不到"不需要教"的理想境界。

二、达到"不需要教"的教法和途径

既然"教师只管讲,学生只管听"的教学方法是永远达不到"不需要教"的,那么,怎样"教"才能逐渐到达"不需要教"的理想彼岸?叶圣陶的方法,是在语文阅读教学过程中认真地把握好三个环节,即"预习—讨论—历练",其中"预习"在课前完成,"讨论"以课内为主,"历练"则以课外为主。

在"预习"这个环节中做些什么事呢?叶圣陶说:"预习的事项无非翻查、分析、综合、体会、审度之类;应该取什么方法,认定哪一些着眼点,教师自当测知他们所不及,给他们指点,可是实际下手得让他们自己动天君,因为他们将来必须自己动天君。"叶圣陶的意思很明确,就是要把"翻查、分析……"这些本该由学生做的事情仍然还给他们自己去做,不要由老师越俎代庖。尽管学生在预习中不可能弄得完全头头是道,可是叫他们预习的初衷本来就不要求弄得完全头头是道,最要紧的还是让他们自己动天君。他们动了天君,得到理解,必然印象更深,收益更大,同时又为进入第二阶段打了基础,作了准备。

第二阶段为"讨论"。叶圣陶说:"预习的事项一一做完了,然后上课。上课的活动,教学上的用语称为'讨论',预习得对不对,充分不充分,由学生与学生讨论,学生与教师讨论,求得解决。……教师犹如集会中的主席……只要待学生预习之后,给他们纠正、补充、阐发;惟有如此,学生在预习的阶段既练习了自己读书,在讨论的阶段又得到切磋琢磨的实益,他们阅读书籍的良好习惯才会渐渐养成。"如若语文教学不提倡学生课前预习,不采取课堂讨论的形式,而是上课铃响了,学生坐定在位子上,听到教师说今天讲某一课之后,才翻开课本来,听教师逐句逐段地讲,直到讲完,别无其他工作,学生根本不用动脑筋,无法经历到学习上很有价值的几种心理过程,比如,独创成功的快感,比量短长的思索,追求解决的注意力等。与此同时,专让学生坐在教室听老师讲,他们还会渐渐养成懒得去仔细咀嚼的坏习惯,那就只有一切依靠老师;这样的学生一旦离开了老师,就像学步时从未离开过大人的孩子,只能磕磕碰碰,频频跌跤了。

第三阶段是"历练"。历练应该贯穿于语文学习的全过程。只有经过反复历练,才能养成学习语文的良好习惯,才能获得运用语文的诸种技能。语言课程标准十分强调训练在语文教学中的重要性:"语文教学要注重语言的积累、感悟和运用,注重基本技能的训练,给学生打下扎实的语文基础。"就阅读的历练而言,学生经过课堂的深入讨论和精读指导,对于文章的细微曲折之处都弄清楚了,就要进行吟诵、略读书籍和参读相关文章的历练。"吟诵的时候,对于讨究所得的不仅理智地了解,而且亲切地体会,不知不觉之间,内容与理法化而为读者自己的东西了,这是最可贵的一种境界。学习语文学科,必须达到这种境界,才会终身受用不尽。"历练中的略读也是相当重要的,因为就教学而言,精读是主体,略读是补充;但是就效果而言,精读是准备,略读才是应用。至于参读大量的相关文章,更是养成学习语文良好习惯所必不可少的。语文课程标准要求学生九年课外阅读总量达到400万字以上,并列出了建议阅读的具体书目,可谓英明之举。参读相关文章还可以在敏捷上进行历练;能够花一两个钟头把一篇文章弄清楚固然好,更敏捷一点只花半个钟头一个钟头尤其好。

如果我们的语文教学真正挣脱了"教师只管讲,学生只管听"这种师塾教法的桎梏,扎扎实实地按叶圣陶所说的做好了"预习—讨论—历练"的工作,时间一长,次数一多,学生就能养成学习和运用语文的好习惯,就能熟练地掌握语文这个工具，那样，叶圣陶关于"教是为了达到不需要教"的主张就得以实现了。

三、达到"不需要教"的困难和阻力

应该清醒地看到，要实践"预习—讨论—历练"的三阶段教学法，目前仍然困难重重，阻力很大。但是，困难再多也要克服，阻力再大也要冲破；因为不克服这些困难，不冲破这些阻力，那就只能继续重复"教师讲，学生听；学生写，教师改"的老做法。实践证明，用那种落后陈旧的教学方法，不论教师如何卖力地讲解，怎样认真地批改，都是永远不可能达到"不需要教"的理想境界的。

我国的语文教学改革到底有来自哪些方面的困难和阻力呢？

困难和阻力之一来自语文教师本身。语文教师都是学校培养出来的，他们当学生时的老师大多数都是以讲书为务的，长期的耳濡目染让他们早已对此习以为常；自己当老师了，很自然就用老师当年教自己的办法来教学生。每教一篇文学作品，总是"作者简介—时代背景—词语解释—段落大意—中心思想—写作特点"，一个也不能少。习惯的力量是相当强大的，要改掉它，谈何容易？再则，如果说"预习—讨论—历练"的教法比"逐句讲解"更为方便、省力，那改过来或许还不会太难，问题是这种新教法比起原来使用惯了的老教法，除了教学效果好，学生能得到实益，且能达到"不需要教"的理想境界之外，对语文教师来说几乎全都是"缺点"：备课更吃力了，上课更辛苦了。为什么说更吃力、更辛苦？道理很简单，学生动了天君之后，预习时认真了，到上课讨论时就会提出各种各样的问题，这些问题中有一部分是学生经过相互讨论仍然解决不了的，当然要由教师来点拨和解答。此外，在整个讨论过程中，教师的注意力要高度集中，对学生提出的看法和观点，要做到"有错误给与纠正，有疏漏给与补充，有疑难给与阐明"，这对语文教师无疑提出了相当高的要求。原来的"逐句讲解"只要有一本教学参考书，照本宣科似乎也能勉强蒙混过关，现在要驾驭全班有备而来的数十位学生，教师如若没有一定的功底或没有认真细致地备课，你这个"主席、评判人与订正人"是会时时处处出洋相的。相当数量的语文老师，既不喜欢出这个洋相，又不愿意花大力气去充实自己的语文功底,下大决心去摈弃原来用惯了的陈旧教法,这就很自然地导致了语文教学改革的步履维艰。

困难和阻力之二来自学校、教育行政部门的某些领导。毋庸讳言,这些领导未必全都研究过叶圣陶的语文教育思想,其中有的领导对语文课程标准都很少接触,当然不可能了解原来那种"逐句讲解""精批细改"的做法是事倍功半、大错特错的。其实,语文教师的教学,如果学生没有从中受到启发诱导,没有掌握语文工具,没有养成听说读写的良好习惯,那么,教师讲得枯燥、乏味、不生动固然不好,教师讲得天花乱坠、津津有味难道就好吗?除了能给学生留下些许对教师的羡慕之外,到底还有什么用?

困难和阻力之三来自一部分学生家长。家长对子女的学习都是相当关心的,"望子成龙,盼女成凤"之心,人皆有之,可惜未必全都知道怎样才是对子女有利的真正关心。他们对中小学其他各门课程的发言权或许不大,但对语文学科的教学却会指指点点,只不过常常会用他们自己学生时代的老观念来指点。比如,有的家长见到小孩作文本上改动得极少或基本未改,心里就不高兴;倘若教师将孩子的作文基本上改写了一遍,他们或许会很高兴。殊不知,任何人写作水平的提高都是靠自己多写、多改练成的,哪里是教师改出来的?叶圣陶说得好:"作文教学要着重培养学生自己改的能力。"所以,我们一定要反复向家长宣传,让他们"懂得无谓的'改'对学生并无好处"。

由此可见,要使"教"达到"不需要教",必须更新教育观念,更新教育方法,这会让学生一辈子受用。

(浙江丽水学院人文学院　徐龙年)

3. 从叶圣陶"培养合格公民"中想到的

> 中学教育的价值，就在于为学生一辈子拥有正确的人生观、思想观、价值观打下扎实的根基。
>
> ——叶圣陶
>
> （摘自《叶圣陶教育文集》，人民教育出版社，1994年）

《教育与人生》阐明了叶圣陶这位伟大教育家思想中最为精华的内容，即教育的本质是"为人生"。正如该书编者概括的那样："中国现代教育的价值和目的，在于以育人为本，以兴国为旨，面向全体国民和每个学生，着眼整体人生和终身受用，培养能够全面发展、具有良好习惯的现代中国人。"当今的教育要着眼于学生的现在与将来一生，着眼于学生的"健康"成长和"成功"发展。

叶圣陶先生"为人生"的教育思想对我国教育方向的确定具有重要的影响作用。我国在培养中国特色的社会主义公民的过程中不断提出适合时代发展的教育要求，如20世纪80年代的"五讲四美三热爱"活动、"学雷锋、树新风"活动等，90年代的"跨世纪中国少年雏鹰行动"、"手拉手"互助活动、"星星火炬代代相传"迎接新世纪主题教育活动等。到了进入21世纪的今天，党中央更加用行动践实着叶圣陶先生的这一教育思想。

早在2002年2月，由中共中央宣传部牵头，会同共青团中央、教育部等六个单位联合发布了《关于实施中国"小公民"道德建设计划的通知》，明确指出"小公民"道德建设计划的教育目的是：培养儿童的基本社会道德观念，养成良好的社会道德行为习惯，树立儿童的社会责任感；在自主参与活动中学做文明人、社会人、中国人、现代人，逐步成长为"四有"社会主义公民。该计划在制订时充分考虑到了现代儿童年龄特点,在实施过程中也要求充分体现儿童化。它强调一个"小"字,如"小公民"与"五小"(即小帮手、小标兵、小伙伴、小卫士、小主人)的想法;强调"以丰富多彩的初中活动为载体",从近到远地开展"五小"行动;强调培养儿童的社会责任感,养成良好的社会道德行为习惯;强调"以解决儿童道德建设中的突出问题为突破口,发动儿童查找身边存在的问题,提出切实可行的改进措施",并以此为契机,全力搞好以德治国的基础工程。

两年后,为了深入贯彻落实党的十六大精神,适应新形势、新任务的要求,全面提高未成年人的思想道德素质,国务院又专门下发了《中共中央国务院关于进一步加强和改进未成年人思想道德建设的若干意见》,指出在当前和今后的一个时期内的指导思想是:深入贯彻十六大精神,全面落实《爱国主义教育实施纲要》《公民道德建设实施纲要》,针对未成年人身心成长的特点,积极探索新世纪新阶段未成年人思想道德建设的规律,坚持以人为本,教育和引导未成年人树立中国特色社会主义的理想信念和正确的世界观、人生观、价值观,养成高尚的思想品质和良好的道德情操,努力培育有理想、有道德、有文化、有纪律的,德、智、体、美全面发展的中国特色社会主义建设者和接班人。学校教育工作要从增强爱国情感做起,弘扬和培育以爱国主义为核心的伟大民族精神,深入进行中华民族优良传统教育和中国革命传统教育、中国历史特别是近现代史教育,引导广大未成年人认识中华民族的历史和传统,了解近代以来中华民族的深重灾难和中国人民进行的英勇斗争,从小树立民族自尊心、自信心和自豪感。学校应该认清形势,提高认识,自觉肩负德育重任,把握住德育工作的要点:"一魂一根三贴近,三主三观四进入。"即突出热爱中国共产党,热爱社会主义这个"魂",突出以爱国主义为核心的民族精神这个"根",坚持贴近实际、贴近生活、贴近学生的操作原则;充分发挥主渠道、主阵地、主课堂的作用,以确立正确的世界观、人生观、价值观为目标,坚持道德建设进课堂、进家庭、进社区、进公共场所的育人机制,全面提高思想品质和道德情操,形成全社会齐抓共管的格局。这又印证了叶圣陶老先生的"以育人为本,以兴国为旨,面向全体国民和每个学生,着眼整体人生和终身受用,培养能够全面发展、具有良好习惯的现代中国人"的教育思想。

我们应该认识到,摆在我们面前的是一项重要而又艰巨的任务。要面对社会发展变化对中小学生思想道德教育的新要求,充分认识到学校是加强公民道德建设的主阵地。学校应该利用自身特点将道德建设渗透到学科教学中。要让教师在教学中善于抓住时机,结合教学内容,将相关内容有机渗透到教育教学活动之中,培养学生良好的道德品质。还应该加强教师职业道德教育,让教师恪守师德,尊重学生人格,全心全意为学生服务,并保护学生的合法权益,促进学生全面、生动、健康发展。如学校可以开展诚实教育、守信教育、守法教育等一系列教育活动。

开展诚实教育,使学生诚实待人,以真诚的言行对待他人、关心他人,对人富有同情心,乐于助人;严格要求自己,不说谎话,作业和考试求真实,不抄袭,不作弊。

开展守信教育,使学生守时、守信,有责任心,承诺的事情一定要做到,言必行、行必果;遇到失败,勇于面对,勇于承担相应的责任,知错就改。在开展这项教育的同时,我们应该首先要求老师为人师表,身体力行,起到率先垂范的带头作用,要带头讲诚信,做到"言必行、行必果",有诺必践,以老师高尚的品德、人格的魅力、诚信的作风取信于学生、家长和社会。学校还可以将诚信教育与传统美德教育相结合,充分挖掘和利用传统美德中有关内容,通过多种形式的展现,调动学生自主学习的积极性,在喜闻乐见、寓教于乐的活动中,使学生真正感觉、体会到什么是做人的根本。

开展诚实、守信教育活动外,还要加强学生遵纪守法、校规校纪和社会公德的教育,让学生懂得如何利用现代法律手段来保护自己的合法权益,以此来增强学生的法律意识和规则意识,使其具备良好的道德品质。

道德建设不光是学校应该进行的活动,更应该是全社会广泛开展的活动。要通过在全社会开展的公民道德建设,让社会形成良好的道德风尚,使全民族的文明素质不断提高。要通过加强公民道德建设,来使人们认识到社会实现全面建设小康社会宏伟目标和完善社会主义经济体制的重要性,认识到加强公民道德建设是立身之本、做人之道。

今天当我们重新翻看叶老的论著时,不禁唏嘘再三,感慨万千:一个世纪过去了,我们的教育环境发生了翻天覆地的变化,但是,我们的教育思想和教育理念,到底有多少进步呢?叶老的培养合格公民的教育思想令我们汗颜。扪心自问,我们会悟出许多我们现代教育所欠缺的地方。教育改革是一个不断探索的过程,我衷心希望中国教育改革能吸收中外老一代教育大家的优秀思想资源,以促进中国教育的改革事业,使中国教育事业能与时俱进,走在世界的潮流之巅。

(上海市闸北区保德中学　李　晴)

教书与育人

1. 教室——和谐世界的乐园

> 我们不能把什么东西给予儿童,只能为儿童布置一种适宜的环境,让他们自己去寻求,去长养,我们就从旁给他们这样那样的帮助。
>
> ——叶圣陶
>
> (摘自《倪焕之》,人民文学出版社,1962年)

一、案例描述

学校是社会的一个缩影。教室是学生成长的主要场所,同时也是社会的缩影。在这个社会里有"老实人"——对老师言听计从,还有反应敏捷,鬼点子多多的"智多星",也有以违规为能的捣乱分子,当然更有学习优秀的老师心中的天之骄子。

学生时代,只知道教室是我们听课和下课玩耍的天堂。老师排座位时,则让学生站到外边,按大小个子排。老师为保护"骄子",对那些"捣乱分子"进行"专政"的手段也只是将其赶出教室,不曾感觉到借用同学们的力量打压他们。

那年,我以教师的身份走进教室。老校长担心年轻的我,会让学生给气哭,于是把我分到有丰富带班经验的老师做班主任的班级里任教。

开学两个月后,我发觉他的确很"有招",他很巧妙地利用着教室里有限的空间,在学生中树立"边缘人"的意识。学生管"边缘人"待的地方叫"流放地"。

教室里的"流放地",一处是教室的最后一排和靠墙、窗子这两边,另一处是教师讲桌的两边。

最后一排,是教室的边界,地广人稀,气候恶劣。不管个子高矮、不管是男生还是女生,只要学习差,那就是他们法定的"宝座"——按考试成绩排名,不去也得去;当差生变成捣蛋鬼的时候,又会把他们纵向排成一排放到靠墙的那一边。

"流放地"的另一处是讲桌两边。班主任心目中的捣蛋违纪者,需要教师时时监控的学生,那里可是独一无二的好去处。美其名曰:"教师的左膀右臂。"班主任还给准备好了小教鞭,只要发现他们有异样行为,就拿起教鞭招呼几下,以示警告。他们上课被老师"监控",下课、自修课的时候被全班同学监控,这样,班级很稳定。

那时候我想,还是老教师"有招",还是老教师"懂"得管理,他们是"智慧型"的教师!在好长一段时间里,我不管见到谁,高兴起来都把他们这种做法大大赞赏一番。

也就在我做了教师四个月后——我至今仍记得那时间是12月18日,老校长找到我说:"给你个班主任做做吧!"在我发傻的时候,同事告诉我:"不接!那班换了两个班主任了。"但最终我还是当了那班的"孩子王"。我向《狮子王》里边的辛巴一样,每天早早地到我的王国领地进行巡视。接手一星期后我就按"智慧型"班主任的办法把那些威胁班集体的"恐怖分子"们发配到了"流放地"。很快班级步入正轨。班级各项评比不是第一就是第二。

几年后,我教的第一批学生毕业了。我和他们的关系由原来的师生关系一下子成为无话不说的聊友。其中有一位学生与我谈起他上学时代最让同学痛恨的事情——在教室里设置"流放地"。

那学生这样对我说:"原来自己成绩不错,班主任一直按成绩排座位也觉得是天经地义的事情。那年暑假开学后的第一个星期,就进行了暑假检测。由于我大意失荆州,败走麦城。结果我在还没弄清楚自己是哪一类人时就已经坐在了最后一排。当老师宣布这一消息时,我顿时有一种世界末日来临的感觉:两眼昏花,头晕耳鸣,真的快要支撑不住了。遥远的岭南呀,顿时成了我的后花园。可我却没苏东坡的豪放洒脱,吟不出'日啖荔枝三百颗,不辞长作岭南人'的妙句。那里是好同学避而远之——他们从不用正眼看我们,连老师都斜眼视之,只有本地土著送来独有的问候的地带。我想一个月后我就能回到好学生的行列。"

我耐心地听着他的倾诉。他继续说:"我也想,不就一次嘛,努力一个月,下次一定要夺回应有的宝座。在一节数学课上,数学老师用不标准的普通话说了一道数学题,可全班没有人会做,碰巧我做过,我举起手——不只举手还拼命摇动着,老师却说:'唉,怎么就没人回答呢?'我失望了!不是老师没看见,而是老师认为好学生都做不出,更何况是坏学生?我放下了高举着的手,同时也放下了自信。在很长的时间里,我被恨包围着。我恨我周围的一切,走到哪里似乎别人都清楚我是差等生,没有标签,但我心中却有一个抹不掉的标签。那个隐形标签贴到我高中毕业,也让我现在还做着恶梦。我学会了冷漠,我学会了好同学痛苦我却快乐。"作为教师的我,清楚地知道他的人格扭曲了。

二、反思教学

学生的话,我不只一次从记忆里翻出来读。我似乎明白了父亲对我说的那句话:"记住你是教师,你们教师可是要影响一代人的。"

教育家叶圣陶先生在《倪焕之》中有这样的观点:"我们不能把什么东西给予儿童,只能为儿童布置一种适宜的环境,让他们自己去寻求,去长养,我们就从旁给他们这样那样的帮助。"

是呀,我们的教师虽然给学生布置了优美的环境和硬件设施——电扇、电子黑板、多媒体影像,但我们却没有提供适合学生成长的土壤。

我开始观察最后一排的学生,我关注讲桌旁的"两员大将",有时候是"四大金刚"。他们每天都阴沉着脸,没有笑容;他们似乎永远不能离开那地方,一问才知道那地方他们已经待了很久了。他们似乎是被恐吓住的小动物,从他们的眼神中不难看出,他们早走神了。

不是他们不想努力,是他们被一种无形的影子罩住,如同蛾被蜘蛛网粘住，粘得死死的，再也无法挣脱。教室里的"流放地"，惩罚的不单单是学生的行为，更重要的是学生的心灵——用高压政策对学生的精神进行捆绑。这不是我们教师所希望看到的。我们希望看到的是"忽如一夜春风来，千树万树梨花开"，而不是一枝独秀。

新时期提出要"为了每一个学生的发展"，怎么做才能减少心理问题学生的出现？经过思考，我行动了起来。

三、改进措施

首先，上课时让坐在讲桌两旁的孩子，把桌子搬回到同学中去。然后我再向几个比较要好的班主任建议："把排座位的权力交给班长，交给学生，看他们怎样排座位。"

我惊喜地发现，教室里出现了小组方阵。每个小组里都有优秀学生、中等生、薄弱生，薄弱生在优秀生中间。上课安静极了，原来几乎看不到学习差的学生在上课的时候拿起笔，他们不是睡觉，就是看闲书，想写字不会写，想听听不懂，现在基础好的学生主动把笔记本放在二人之间，让薄弱生看。下课了，同学们不再在不同"世界"的小圈子里嬉闹，而是不分彼此快乐地交流，说着俏皮的话。愉悦的心情像欢快奔泻的小溪，写在他们的脸上。有一位体育特长生，下课拿着作业本高呼："这么多年来，我终于独立地完成了一次家庭作业，老师竟然给我写了'好'！"

这些话我听到了，心里很快乐。这就是我追求的事业——让我的学生快乐地学习、成长。

两周后，方阵组互换位置。

一个月后，教室里学生的座位又发生了变化：从最后一个人开始一周一次向前轮流调换。每个人都有机会坐在"皇帝"位子上。教室里的"流放地"彻底地根除了。在民主的基础上实现了平等。在科学教育理念下实现了民主，教室里的"边缘人"不存在了。教室成为学生愉悦的乐园。

（北京师范大学附属平谷中学　陈学生）

2. 透过叶圣陶教育思想反思教育

> 无论怎样有价值的知识，如果只挂在口头说说，而不能彻底消化，举一反三，那是语言的游戏；都必须化为习惯，才可以一辈子受用。
>
> ——叶圣陶
>
> （摘自《叶圣陶教育文集》，人民教育出版社，1994年）

叶圣陶先生是我国当代卓越的文学家、教育家，他的教育思想博大精深，对我国的教育事业有着深远的影响。叶老对教育中许许多多问题提出的鲜明、独到的见解，给我留下了深刻印象，并促进我在教育教学工作中反思前行。

一、注重对学生习惯的培养

叶老在《如果我当教师》一文中写道："我将特别注意，养成小朋友的好习惯。我想'教育'这个词儿，往精深的方面说，一些专家可以写成巨大的著作；可是，往粗浅的方面说，'养成好习惯'一句话也就说明了它的含义。无论怎样好的行为，如果只表演一回两回，而不能终生以之，那是扮戏；无论怎样有价值的知识，如果只挂在口头说说，而不能彻底消化，举一反三，那是语言的游戏；都必须化为习惯，才可以一辈子受用。养成小朋友的好习惯，我将从最细微最切近的事物入手；但硬是要养成，决不马虎了事。"

反思：

大多数人都认可良好的学习习惯和生活习惯对学生的成长是至关重要的，但如何培养孩子的良好习惯，可谓仁者见仁，智者见智。叶老朴实的话语也为我们开展习惯培养指明了方向，透露出宝贵的教育财富。他给我们这样的启示：无论是学校教育还是家庭教育，都要把培养孩子的良好习惯作为首要任务来抓，良好的习惯会让孩子终身受益。而培养孩子的好习惯就要从细微之处抓起，从一点一滴开始。这就要求教师善于观察、发现，捕捉一个个"战机"，对孩子良好习惯的培养，要有足够的细心和耐心，要一个一个地提醒、引导，持之以恒，直到抓出实效为止。

就学习而言，首先应该培养学生认真写字的习惯。目前中小学生的书写水平普遍较低，字迹潦草，龙飞凤舞，卷面不整洁，让教师们头痛不已。因此，学生入学后要养成的第一个好习惯就是将字写得规范工整，整洁漂亮。只有扎实走好了这关键的第一步，其他学习习惯的培养才有意义，如独立完成作业的习惯、主动预习的习惯、不懂就问的习惯等。其他方面比如锻炼、劳动、卫生、节约、团结合作等等也是如此。另一方面，"身教"重于"言教"。叶老说："我认为自己是与学生同样的人，我所过的是与学生同样的生活，凡希望学生去实践的，我自己一定实践；凡劝诫学生不要去做的，我自己一定不做。譬如，我想学生整洁、勤快，我一定把自己的仪容、服装、办公室、寝室弄得十分整洁，我处理各种公事、私事一定做得十分勤快。"教师要在学生良好习惯养成的过程中成为学生的表率和楷模。要做到这一点，教师还应该积极主动检讨自己的言行中有无不良习惯，用自己良好得体的言行举止去感染学生，教育学生，让学生在不知不觉中感受到教师的伟大，并把教师作为学习的榜样。

因此，教育就是培养习惯，让良好习惯成为一种本能，一种能力，一笔财富，伴随终生。正像叶老所说的那样："所谓教育，无非是从各方面给学生好的影响，使学生在修养品德、锻炼思想、充实知识、提高能力、加强健康各方面养成好的习惯。"

二、要有一颗爱学生的心

他说道："我如果当小学教师，决不将投到学校里来的儿童认作讨厌的小家伙，惹人心烦的小魔王；无论聪明的、愚蠢的、干净的、肮脏的，我都要称他们为'小朋友'。那不是假意殷勤，仅仅浮在嘴唇边，油腔滑调地喊一声，而是出于忠诚，真心认他们作朋友，真心愿意作他们的朋友的亲切表示。

小朋友的成长和进步是我的欢快；小朋友的羸弱和拙钝是我的忧虑。有了欢快，我将永远保持它；有了忧虑，我将设法消除它。"

反思：

现实生活中，我们都需要爱的阳光普照，需要别人对我们的关心和爱护。在孩子们的眼里，老师就是爱的化身，在老师的身边，他们会享受到爱的呵护与滋润。遗憾的是，并不是所有的教师都把每一位孩子们当作爱的天使。他们总是感叹现在的孩子不好管理，身上的毛病太多、太难纠正，对那些学习成绩差而又不服管教的孩子，倍感讨厌和排斥。因此，在管理中，讽刺、挖苦、体罚等现象屡见不鲜，孩子们的自尊心受到了伤害。之所以如此，是因为我们的教师没有把如白纸一般纯洁的孩子当作孩子看待，对那些有问题的孩子，没有通过观察和剖析找出缘由，加以对症的治疗，而是简单粗暴地用成年人的标准去要求无论是生理还是心理都正处在发育期的孩子们。说到底，是我们的有些教师缺乏爱心。有人说，一个教育者缺什么都可以在实践中慢慢弥补，唯有爱是不可或缺的，一个心中无"爱心"的人，必是一个"目中无人"的人，他就不可能成为一个真正的教育者。没有爱心，就没有教育！

三、重视学生的自学能力和学生在学习中的主体地位

如果用一句话来概括叶老教育思想的精髓，那就是"为了达到不需要教"。为了不教而教，这表面上看来似乎相互背离，但仔细研究就会觉得并不矛盾。他认为："教师当然须教，而尤宜致力于'导'，导者，多方设法，使学生能逐渐自求得之，卒底于不待教师教授之谓也。""不教是因为学生能够自己学习了……达到不需要教，就是要教会自己学习的本领，让他们自己学习一辈子。"为了达到这一教育目标，叶圣陶先生指出，教学必须确立学生的主体地位，必须让学生自主学习，让学生养成学习的良好习惯，必须树立生活本源观。

反思：

"教是为了达到不需要教"的提出正是关注学生终身发展的具体体现。教是手段，不需要教是目的。要达到不需要教，就要在教的过程中"多方设法，

使学生能逐渐自求得之"。教师"导",需要以学生的学为重心,以教学的对象为主体,充分注重学生的个性发展,让教师的导,具有丰富性、多样性的特点。心中有了学生,想到了学生的未来,就能自然地确立学生的主体地位。

在70多年的教育生涯中,叶圣陶先生身体力行,躬行实践,给广大教育工作者树立了光辉的榜样。"吾生也有涯,而知也无涯",我们新一代的教育工作者不仅要学习老一辈教育家的精神和教育思想,还要继承和发扬他们的优良传统,同时在课程改革的浪潮中不断创新。

(山东省莱西市城厢小学 张宝月)

3. 身教最为贵，知行不可分

做教师最主要的是不说假话。要求学生做到的，自己要先做到。

——叶圣陶

（摘自《叶圣陶教育文集》，人民教育出版社，1994年）

作为中国现代著名的教育家、作家、编辑出版家，叶圣陶让后人怀念和尊敬，乃在于他的身体力行、以身作则的品质和高尚的道德修养，特别是他以教育者的身份，以勤谨高尚的人格，潜移默化地影响着他的学生，那是一种深切而有力的教育。身教最为贵，知行不可分，教师对学生影响重大的、最具有吸引力的，不是学问，而是学问背后的那些东西，即对知识的崇尚、追求、热爱、不倦的探索。这种对知识的态度，对学问的态度，以及自己的品格，远远超过了知识、学问本身，上升到了人格的高度，对学生的影响是极其深远的。

我们常教诲学生要多读书。叶圣陶也一样，他告诫学生必须多读书。他认为读书有三种态度：一种是绝对服从的态度，凡是书上说的都是对的。如抱这种态度读书，那就把自己葬送在书本里了，因为人类积累的经验也有霉变的、腐烂的、不合用的。另一种是随随便便的态度，从书本上学到点什么，即用来装点自己，以便在与人闲谈时，可以应付，不致受人讥笑。这是一种玩世不恭的态度，逢场作戏的态度，青少年应抛弃它。第三种是批判的态度，必须用现实生活来检验，凡是对现实生活有益处的，取之，反之则不取。这是学生该具备的态度。教师也一样。我们教诲学生读书，不能盲从"开卷有益"，也不要"为读书而读书"，而要使书为自己所用，不让自己做书的奴隶。叶圣陶这样教导学生，他自己也是这样做的，他懂得读书是充实自己的一个途径，书本里包含着古人今人的经验和道理。他读书甚是认真，而且养成了每天读书的习惯。他爱读书，对于书中精彩片断或章节，常吟诵不止，乃至抄写。在教书的生涯里，他不知读了多少书，也不知抄了多少书，凡是宝贵的、有益的书，他都悉心地、不辞劳苦地抄下来。在长期的抄书实践中，他深深体味到了抄书的好处，对此，他曾写诗道："一目十行下，或吞囫囵枣，一字莫遁逃，还是抄书好""提笔意始凝，并驱手共脑"。当然，他抄写不只是求数量，更是在抄写中，徐徐探究书中所写的道理："徐徐抄写之，徐徐事究讨""细嚼得真味，精鉴乃了了"。

　　对此，我深感惭愧。我们常让学生多读书，而自己却以为多学了点专业知识，对付教学绰绰有余，一年读不了多少书，却以忙为借口为自己开脱，即使在读，也是读一些消遣性的报刊，走马观花式地读，其中真义并没好好体味，更不会静心抄写其中精辟论断。当教师的应当好好读书，不只是为应付专业学科教学，更为了广闻博记，开阔思路。因为教师这门职业，并不同于其他谋生的职业，是传承文化、创新知识、培养人才的活动，是关乎着子孙后代幸福、民族未来的事业，是需要教师有献身精神的事业。因此教师就要有渊博的文化科学知识、创新的意识和能力。教师的发展不仅是专业的发展，更多的是要提升本身的修养。有较高的文化修养，才会悟出教育的真谛，萌发教育的智慧，创造教育的艺术。教育是一种自然的、不刻意的活动，教师具备的知识、能力、气质、言行都可以传递给学生，学生的努力需要教师的努力去调动引导，教师要帮助他们找到努力的方向与目的。教师善读，深知甘苦，左右逢源，则为学生引路，可以事半功倍。假若教师本人都不善读，怎么能以自己的切身体会去有效引导、激发学生呢？教育无小事，事事皆育人；教师无小节，处处皆楷模。当教师爱好读书，努力读书，必将带引学生读书，学生自将爱上读书。

　　叶圣陶教诲学生，学习功课需要明白为什么而学，想明白了，一天天的用心用力才有意义。"世间的物非常多，各有各的道理；世间的事非常多，各有各的做法。"学生学习要有"进入"的状态，"如果你觉得应好好地运用语言文学，就在国文课内，用心揣摩语言文学的理法；你若觉得音乐和图画非常引起你的兴趣，你就会在艺术课内，专心从事欣赏跟练习；你若觉得你须理解种种自然现象，你就会在博物理化课内精心于观察、分析、试验跟计算"。只有全身心投入，才能深悟其中深义。叶圣陶自己学习起来也一样。他喜欢练字体，学习篆刻，书写起来非常认真，字字工整。他有一把大折扇，上面密密麻麻的是他刻写的篆字，字体工整，匀称洁净，令人羡慕不已。有学生回忆道："看叶老指教我们刻写文字，其本身就有深刻的人生哲理。"所谓字如其人。的确，我们要学生做的事，自己须躬身共做，以身立教，做学生的表率，以人师自勉自励。教学生要专心致志，自己平时做的每一件事也须认真对待，绝不马虎。朱永新说："一个老师不在于他教了多少年书，而在于他用心教了多少年书。"教育要成功，唯有用心。

叶圣陶教学生要把书本知识与现实生活联系起来，"读教科书并不是进学校的最后目的，最后目的乃在取得生活经验"。如所学东西不和生活发生关系，说空话，摆空架子，学了也等于没学。书固然要读，可书本上的不过是各种道理跟做法的记录，最重要的还在于把这些道理跟做法化为我们的知跟能，知行合一。"必须随时随地地使各功课跟我们的思想行为打成一片才好，只有这样，才能达到理想的学习境界。"为了让学生有更深的体会，他创办了一个生生农场，和学生一起劳动，翻地、撒种、施肥、浇水、锄草，辛勤的劳动终于有了收获，当师生们看到自己的劳动果实，他们一边采摘，一边欢笑，那种劳动的喜悦，让学生顿感"付出定有收获"，同时又体味了劳动的艰辛，让大家更懂得珍惜。

的确，我们的教育忌空谈教而不育，学习应学以致用，消化吸收，化书本知识犹化食物为自己的血肉。学习应联系现实生活，教育要跟现实联系。叶圣陶创作了不少童话，如《稻草人》《古代英雄的石像》等，作品构思新颖，描写细腻逼真，在富有童心的想象中蕴含着丰腴的现实生活内容，创作的成功和他与现实生活紧密联系是分不开的。

叶圣陶认为，教育就是培养习惯，他特别注重习惯养成教育。他说："好习惯养成了，一辈子受用；坏习惯养成了，一辈子吃亏。习惯是从实践里养成的，知道一点做一点，知道几点做几点，积累起来，就各方面都养成了习惯，而且全是好习惯。"像他自己就养成了不少好习惯，读书、抄书、写日记、锻炼、礼貌待人等。我们也常教学生要养成好习惯，可自己呢？

车尔尼雪夫斯基说:"教师要把学生造成一种什么人,自己就应当是什么人。"卢梭在《爱弥儿》一书中也指出:"在敢于担当培养一个人的任务以前,自己就必须造就一个人,自己必须是一个值得推崇的模范。"教师当努力要求自己,通过自己的言传身教,力求使自己成为学生在政治方向、思想修养、道德和学识方面的楷模,用自己良好的道德、人格力量感化、教育学生。如果教师讲了一大堆有道理的话,可他自己的实际生活却并不那样,他的话就不会对学生起多大的作用;或者讲了什么不好的,而他的实际生活里就有那种不好的成分,那就会给学生很坏的影响。

身教最为贵,知行不可分。行比说教更重要。叶圣陶用他的实际行动,亲历亲为,为我们树立了一个教育家不朽的模范形象,这其实是做人的教育,是对人性、品格、性格培养的教育,更是一种更高级的教育,代表着教育的目标和归宿,是一种人的教育。

(江西省兴国县平川中学　肖海珍)

4. 用叶圣陶的思想解读儿童立场

> 受教育的人绝非没有生命的泥团，只管把他们往模子里按，失败是肯定无疑的。
>
> ——叶圣陶
>
> （摘自《叶圣陶教育文集》，人民教育出版社，1994年）

儿童立场是什么？

从儿童出发，把儿童发展当作评判教育根本的、唯一的标度和原则，真正想儿童之所想。这就是教育中的儿童立场。著名教育家叶圣陶先生有着鲜明而坚定的儿童立场，结合他的思想，透过故事，我们能清晰而准确地把脉儿童立场。

很久以前，动物们决定创办一所学校以满足森林世界发展的需要。在这所学校里，教授由跑、跳、爬、游泳、飞行等科目组成的活动课程，并在入学条件上赫然规定：所有学员必须通过所有的科目考试，才能准予毕业。很快，迎来了第一批学员，分别有鸭子、兔子、松鼠、鹰和泥鳅。

鸭子在游泳课上表现得相当突出，甚至比它的老师还要好，而对跑却感到非常吃力。由于跑得慢，它不得不每天放学后仍留在学校里，放弃心爱的游泳以腾出时间跑步。它不停地练，脚掌都磨破了，终于勉强及格。而它的游泳科目，由于长期得不到练习，期末时也只获得了中等成绩。学校对中等成绩是能够接受的，所以除鸭子以外没有谁在乎这一点。

兔子在开学时是班里的跑步冠军，由于在游泳科目中有太多的作业要做，结果精神都快崩溃了。

松鼠的成绩一向是班里最出色的，但对飞行科目感到非常沮丧，因为老师只许它从地面上起飞,而不允许从树顶上起飞。由于他非常喜欢跳跃,并花了很多时间致力于发明一种跳跃的游戏,结果期末时爬行科目只得了一个C,跑只得了一个D。

鹰由于活泼爱动受到了老师们的严格管制。在爬行课的一次测验中,它战胜了所有同学,第一个到达了树的顶端,但它用的是自己的方式,而不是老师教的那种方式,因此,它并没有得到老师的表扬。

生活在草原上的许多鼠类动物没有在这所学校里读书,因为这所学校的管理者拒绝在课程中增加挖掘这一科目,所以这些可怜的鼠类朋友只好从小当学徒,苦苦挣扎着生活在森林里面。

学期结束,公布成绩,普普通通的泥鳅同学,由于马马虎虎,跑、跳、爬成绩一般,也能飞点,成绩是班里最高的。毕业典礼那天,它作为全体学员的唯一代表在大会上发言。

读完这个故事,我们都会有太多的不平,我们为鸭子游泳的天赋被扼杀、兔子精神崩溃、第一个到达树顶的鹰得不到表扬、鼠类动物被拒入学感到深深的惋惜。其实,故事中的鸭子、兔子、松鼠、鹰和泥鳅就是儿童的缩影,故事本身表达了对现行教育缺陷的一种控诉与抗议,也表达了对理想教育的呼唤和争取。

这个故事让我想起丰子恺曾画过一幅名为"教育"的漫画。画面上有个做泥人的师傅,正在认真地把一个泥团往模子里按,"脱出来的泥人个个一模一样"。

"受教育的人绝非没有生命的泥团,只管把他们往模子里按,失败是肯定无疑的。"在叶圣陶看来,教育似农业而非工业,受教育者"跟种子一样",必须有合适的环境和充分的照顾才能自然地生长。

显然,故事缺少了儿童立场。

那么,儿童立场关乎哪些因素呢?

首先,故事告诉我们,儿童立场关乎教育宗旨。教育是为了促进儿童素质的全面提升和个性健康发展,这既包含知识、能力,又超越了知识、能力。成长比成绩更重要。叶圣陶认为,教育的宗旨就是让受教育者学会"做人"。如果把受教育仅仅看作是读书,仅仅看作是读懂几本教科书,那是不正确的。

读书，读教科书，只是一种手段，最终目的在学会做人。受教育，学做人，手段不止于读书，更不止于在学校里读教科书；出了校门，走上社会，接触各种各样的问题，处理各种各样的矛盾，吸收各种各样的信息，都是受教育。在"做人"的问题上，应该是活到老，学到老，学无止境。处在发展过程中的儿童，有着无限的可能性，儿童还没有成熟，还没有确定。儿童的一切都有待重新发现，教师的职责就在于观察儿童，发现儿童发展的种种可能性，帮助他们找到发展的最大可能和最好可能，充分发展好他们的智力优势，从而促进儿童素质的提高和个性健康发展。

其次，儿童立场关乎教育对儿童的认识。这种认识带来的是一种慢活，需要慢慢来。慢慢来，是对人的发展规律和教育规律的完整、准确的把握，是对急功近利、浮躁、浮华教育的抵制。叶圣陶主张，一是教师心中要有儿童，要想到儿童未来的发展；二是教学要以儿童为中心，牢固树立儿童主体的观念，教师的身份角色，是"导"，是辅导、引导、开导；三是在面对儿童时，应该肯定儿童的差异，而绝对不能强求一律，强求整齐划一，应该强调儿童是有个性的人，每个儿童都是不同的，一个儿童就是一个世界。我们应该关注每个儿童的差异，不能用"一把尺子"来衡量所有儿童，也不能用一种方法对待所有儿童。生活是丰富多彩的，儿童的个性是千姿百态的，而我们的教学方法和手段也应该丰富多样。我们的教学活动应塑造人的个性。

再次，儿童立场关乎教育的方式。不言而喻，教育是一种唤醒，是一种引导，是一种鼓励。叶圣陶说："把学生看成有生机的种子，本身具有萌发生长的机能，只要给予适宜的培育和护理，就能自然而然地长成佳谷、美蔬、好树、好花。"所以，每一个孩子，我们都应该看到他发展的可能性，然后，鼓励他。任何人都需要鼓励，儿童更需要鼓励，鼓励之于儿童如温暖的阳光。立足于儿童立场的教育，就是在儿童前行时给予各种鼓励，把阳光洒满道路。儿童怀揣着阳光，正是怀揣着自尊、信心和希望。此时，儿童立场已伸展为一条快乐、幸福之路。

最后，儿童立场要着重关注教育的评价。多元智力理论认为：每个人都同时拥有九种智力，只是这九种智力在每个人身上以不同的方式、不同的程度组合存在，使得每个人的智力都各具特色。因此世界上并不存在谁聪明谁不聪明的问题，而存在谁哪一方面聪明以及怎样聪明的问题。每个儿童都是独特的、出色的。这样的儿童观使得教师乐于对每一位学生抱以积极、热切的期望，并乐于从多角度来评价、观察和接纳学生，重在寻找和发现学生身上的闪光点，发现并发展学生的潜能。叶圣陶先生主张教师要努力把微笑带到课堂教学中。一进课堂，把信任的目光投向每一位学生，满足学生的表现欲，不要轻易批评学生的活跃好动，适时地应用激励性语言、动作和神态，来激发学生新的求知欲望，使课堂成为学生自由挥洒的天地。这种评价改变了传统的那种完全按一个统一标准要求学生的做法，让每个孩子都有表现的机会，让每个孩子的个性得到充分张扬，符合孩子的认知规律、生理特点。如此这般，学校也就不会再有"鸭子、兔子、松鼠、鹰及泥鳅"了。

遵循儿童立场，故事终于有了新的延续——

某一天，深受传统教育迫害的鸭子、兔子、松鼠、鹰和泥鳅的老前辈终于聚集在一起，共商教育改革之大事。他们分析了目前森林教育出现的种种问题，学习了新课程改革的理念，也邀请了有"林间陶行知"美誉的大教育家大象先生作为教育发展顾问，在校园里开始了教育改革。

动物学校从理念到操作都有全新的变化，它们通过各种各样的培训，培训出了一批素质高、理念新、有爱心的教员，这些教员用各种新颖有趣的教学手段，设置各种不同的课程，满足学生各种发展的需要，让学生们自主、合作、探究。老师还带着学生体验各种生活，让学生在生活中学习，在实践中感悟，在快乐中成长。

一晃一个学年结束，鸭子成了游泳冠军，兔子成了跑步冠军，松鼠成了弹跳和爬树冠军，鹰成了飞行冠军，泥鳅尽管默默无闻，但却整日快乐、安逸地生活着，因为它知道自己能力有限。

从此，森林世界开始走向峥嵘。

（江苏省苏州工业园区新城花园小学　马彩芳）

5. 好习惯是这样养成的

进行思想政治教育，不但政治老师要管，班主任老师和辅导员要管，课任老师也得管，不教课的职工也得管，大家都身教重于言教，对每一个学生负责，才能保证把他们培养成为德智体全面发展的社会主义祖国的合格公民。

——叶圣陶

（摘自《叶圣陶教育文集》，人民教育出版社，1994年）

叶圣陶先生富有特色的教育思想至今闪耀着先知的光芒，其中就有一句非常简洁的教育名言："教育就是培养习惯。"他说："教育是什么？往简单方面说，只须一句话，就是养成良好的习惯。""'教育'这个词儿，如果解释得繁复，几本书未必说得完；简单的解释，一句话就可以说尽，就是'养成好习惯'。""教师工作的最终目的，无非是培养学生具有各种良好的习惯。"

那么，怎样帮助学生养成良好习惯呢？下面我结合学校发放的叶圣陶教育思想研究材料和我自己的语文教学与年级管理的感受谈点粗浅的认识。

一、了解现状，明确目标，抓好开端，严格训练

要培养学生良好的习惯，须首先了解学生习惯的现状，选择好切入点。如在接手初一（6）班后，我就结合学生的作业质量、听课表现、进出教室的神态，以及检查学生笔记和与学生沟通交流的情况，对学生的语文学习习惯概况作了一个初步的分析。

1. 80%左右的同学书写比较规范，有五六个同学不够认真，有三个同学书写潦草。

2. 词语作业中忘记注音或注音错误、注音不完整的现象时有发生，有五六个同学经常抄写错误。大部分同学的订正意识不够。

3. 课后不读课文的占到75%以上（要求默写的课文除外）。从课堂朗读抽查中发现，能做到诵读流利、句读正确、饱含感情的只有几个同学。

4. 课堂上学生参与积极，但课堂笔记杂乱无序，不能准确地与词句对应，有的乱涂乱画，还有同学用铅笔记笔记。很少有同学根据作业、课堂讲义材料或试卷自觉补充笔记。

5. 课外阅读量很少，课外读物多限于故事书、卡通书等娱乐类图书。

根据以上统计和对实际情况的观察分析，我初步确定首先应着手优化和培养的语文学习习惯：

1. 规范、快速地书写汉字的习惯。（明确书写要求和惩罚办法。）

2. 勤查工具书，自己解决字词疑难的习惯。

（以上两点主要通过词语练习完成，开学初我就将一学期的主要词语整理好发给学生，让科代表每天带着同学们抄写。）

3. 熟读、背诵的习惯。

4. 阅读、听课时关键词句对应的批注习惯。（教学生如何记笔记。）

5. 赏析词句和朗读的习惯。（每天一篇小作文赏析，每天一人读自己的赏析。）

同样地，我们结合初一阶段学习的实际需要，对全年级的同学也提出了首先应着手优化和培养的学习习惯是：

1. 守时惜时的习惯。（准时到达，珍惜在校时间，及时预习复习。）

2. 上好自修课的习惯。（上自修课应该安静有序。）

3. 按时完成作业的习惯。（杜绝抄袭作业、迟交甚至缺交作业的现象。）

4. 认真听课的习惯。（遵守纪律、认真听课、活泼有序。）

5. 诚信考试的习惯。（遵守考试纪律，无任何作弊嫌疑的行为。）

6. 上好综合实践课的习惯。（准时到达，有序参与，注意卫生。）

对全年级的同学提出了首先应着手优化和培养的生活习惯：

1. 文明礼貌的习惯。

2. 注意个人仪容、仪表的习惯。

3. 注意个人和班级卫生习惯。

4. 排队用餐的习惯。

……

勤奋踏实，努力上进，见到老师问声好，见到垃圾就捡起，校园内不打闹，进入校园推行自行车……这些习惯，就是我们初一年级的初步习惯目标，也是我们学生个性飞扬的基础。

到了初一下学期，随着个别学科（如英语、地理等）的变化和个别教师教学工作的调整，结合年级的实际需要，要求班主任重点引导、培养以下学习习惯：

1. 认真听课的习惯。（学生与班级的科任老师、班级同学都熟悉了，个别同学的不良倾向有点抬头了，此时更应该强调听课的习惯：遵守纪律、认真听课、活泼有序。）

2. 上好自修课的习惯。（上学期有班主任看管着，本学期应该努力做到能够真正安静有序地自修。）

3. 合理竞争，保持竞争优势、强势的习惯。（要敢于争先、勇于争先，在班级中、在年级组中脱颖而出。）

4. 后进生自我鞭策、永不言败、努力上进的习惯。

5. 按时完成作业的习惯和上好综合实践课的习惯等。

在这里，我特别想说的是，在班主任和各科老师的教育与影响下，我们的这些习惯目标都得到了严格的执行、较理想的实现。

叶老指出："凡是好的态度和好的方法，都要使它化为习惯。只有熟练得成了习惯，好的态度才能随时随地表现，好的方法才能随时随地应用，好象出于本能，一辈子受用不尽。"我们也深刻地感受到：习惯好的学生在学习和行为等方面都表现优秀；学生习惯好，班级就很好带。初一开始的风气、习惯不好，班级就很难在短时间内扭转不利局面，甚至到了初三还是不能扭转种种不良的习惯和难以直面的不利局面。有初三学生家长曾经感慨：要是我们的孩子初一就有负责的老师教就好了。同时，我们评比"文明班"等各种荣誉班级，其实就是在评比各班级在各种习惯培养上的高下优劣。所以，培养学生良好的习惯，不单单是为了我们教师的事业，更是为了学生的人生、学生的未来，是为了让学生在我们的教导下得到更好的发展，而不是毁在我们教他们的这一阶段。

二、从强化到内化，从他律到自律，最终习惯成自然

一种习惯造就一种性格；一种性格造就一种人生。因此我们说，习惯成就未来。所以在教育教学中，要引导学生"必得把某些精要的东西化为自身的血肉，养成永久的习惯，终身以之，永远实践，这才对于做人真有用处"。

然而，凡是习惯，都不是几天工夫就能够养成的。要养成一种好习惯，必须经过反复的历练。叶老指出："习惯不是一会儿就有的，也得渐渐养成，直到习惯成自然，就是终身受用的习惯了。"

什么是"习惯成自然"呢？叶老这样解释："成自然就是不必故意费什么心，仿佛本来就是那样的意思。"他举例道："走路和说话是我们最需要的两种基本能力。这两种能力的形成是因为我们从小就习惯了，'成自然'了；无论哪一种能力，要达到了习惯成自然的地步，才算是我们有了那种能力。如果不达到习惯成自然的程度，只是勉勉强强地做一做，就说明我们还不具有那种能力。"

不具有那种能力或那种习惯怎么办呢？叶老指出："要求一经提出，硬是要养成，决不马虎了事。""在没有养成的时候，多少要用一些强制功夫，使他们随时警觉，例如，坐硬是要坐端正，站硬是要挺直……要一直到不用强制与警觉，也能行所无事地去做，习惯就成自然了。"在实际的教育教学中，学生在学习习惯、行为习惯等方面有不合要求的地方时，我们应根据教师的要求、班级的纪律、学校的规章制度采取一定的警示手段强制学生遵从，进行最初的原始的引导。

因此，学生良好的学习习惯、行为习惯，如上课习惯、作业习惯、考试习惯、文明礼貌习惯、个人仪容仪表习惯、卫生习惯、用餐习惯、集会活动习惯等的培养，倚重的是每一名科任教师的权威下、教师形象影响感召下的强制与引导，班主任权威下的强制与引导，以及班主任组织下的班级同学相互监督、自我批评，进而不断改进。我们常说，有怎样的班主任就有怎样的班级，有怎样的教师队伍，尤其是班主任队伍决定学校有怎样的发展。教师，

尤其是班主任，是学生习惯形成的关键。

学生在反复刺激训练、在反复践行中逐渐养成了某些习惯，最终他们从强制遵从到自觉行动，从他律到自律，不再依傍他人的力量，能够主动发展、进行自我调节，自己来养成这些好习惯，也就是"成自然"了，养成了终身受益的习惯。至于转化的途径，不同的老师有不同的技巧，我就不在这里班门弄斧了。

三、养成良好习惯离不开群体教师的共同教育

叶老告诉我们："进行思想政治教育，不但政治老师要管，班主任老师和辅导员要管，课任老师也得管，不教课的职工也得管，大家都身教重于言教，对每一个学生负责，才能保证把他们培养成为德智体全面发展的社会主义祖国的合格公民。"也就是说，培养学生良好习惯离不开群体教师的共同教育。

1. 教师的影响在学生习惯的形成中有着非常重要的作用。

叶老说，学生走进学校，面前的教师就是榜样，教师的为人师表，将影响学生的一生或改变学生的一生。他进一步指出："要叫学生怎么样，教师自己先得怎么样；要叫学生不怎么样，教师自己先得做到这个不怎么样，这就是以身作则。"即教师要言行一致，用自己的实际行动教育学生。简单地说，我们在听到学生喊"老师好"时，有多少老师依然响亮地、饱含感情地回应呢？有多少老师主动地向其他老师，尤其是老教师问好呢？有多少老师主动地向学生问好呢？我们的仪容仪表怎样？我们的办公室卫生怎样？我们的责任意识如何？"灵魂的工程师"自身的精神信仰怎么样？我们毫无表情的面孔、我们波澜不惊的讲课、我们对提意见的学生的穷凶极恶的追查、我们孔武有力的双手、我们咄咄逼人的指责、我们近乎谩骂的嘲讽……怎么能够成为学生良好习惯形成的推动力呢？

我们往往把问题学生往班主任办公室一扔就算完事……真的是班主任一个人的事吗？我的课堂我做主，我的课堂我负责，我的短处当然需要我自己去改正、我自己去弥补。仅靠班主任一人，怎么能形成教育的合力呢？怎么能营造良好的整体育人环境呢？我们只有在耕好自己的"自留地"的同时，协助班主任引导学生，才能使学生在和谐的环境中更快地养成良好的习惯。

看到某个学生在操场上骑车、在实验楼边上吃零食,我们每个教师都有义务制止并教育,要记下学生的名字并通报相关老师,更何况是有学生在自己的课堂上、在自己所带的班级里表现出不良的习惯或不良习惯的苗头呢?我们还不赶快协同班主任把这些不良苗头消灭在萌芽状态?哪怕就只是为了保证自己的课堂教学纪律也该这么做。

2. 寸有所长,尺有所短,教师也需要养成好习惯。

在解决教师与学生,与学生家长的纠纷时,在回答家长的质疑或是责问时,在考核教师的教学表现和业绩时,我们发现,许多教师也需要养成好的教育教学习惯,需要将自己和其他教师的优秀教育教学的技能、策略转化为自身良好的教育教学习惯。我们常说往学生的杯子里装水,我们教师需要有一桶水。但即使是我们有了这一桶水,我们也未必能成为优秀的教师,因为我们还需要浇水的技巧。教育学生不是把这一桶水一下子泼过去,与水一起浇过去的还有我们的教材处理、教学技能、对学生的感情、促使学生像花一样盛开的激情以及我们的职业道德与操守,当然也可能包裹着恨铁不成钢的恼怒等。我们身边有德育、语文、政治、物理等多门学科的带头人,有那么多的先进工作者,有那么多的优秀老教师,我们没有理由形不成良好的技能和习惯。

那么,教师需要培养哪些良好的教育教学习惯呢?我们根据学生评议、问卷反馈、家长委员会座谈和教师考核等,概括出以下优秀的教育教学习惯:

(1) 走进学生,争做学生的良师益友的习惯。

(2) 了解班级情况,及时与科任教师或与班主任交流的习惯。

(3) 面对变化的生源采取变化的策略的习惯。

(4) 有强烈的忧患意识,以学生的发展、学校的发展为己任的习惯。

(5) 听课、交流、读书、学习,与时俱进的习惯。

(6) 自我检测和敢于竞争、勇于争先的习惯。

(7) 及时发现教育教学中的问题并采取恰当策略的习惯。

(8) 准确科学地传授本学科知识,灵活高效地掌控教学课堂的习惯。

(9) 多接受挑战、少抱怨,顾全大局、敬业奉献的习惯。

(10) 不简单地把学生扔给班主任的习惯。

（11）有教无类，勤于转化后进生的习惯。

（12）虚心接受意见的习惯（教学水平的不足不能成为人品的不足）。

（13）开会、集会时保持良好会风的习惯。

当然，还有许多需要培养的习惯，限于篇幅，不展开论述。总之，我们要成为优秀的教师，就必须有优秀的教育教学习惯，必须有优秀的做人做事习惯。

叶老告诉我们，无论哪一种能力，达到了习惯成自然的地步，才算我们有了那种能力。不达到习惯成自然的地步，勉勉强强地做一做，那就算不得有了那种能力。我们要在教中学，在学中练，努力养成种种好习惯。每一种良好的习惯犹如车轮上的一根"辐"，这许多的"辐"集中在教育的"轴"、教育的"轮"上，就能够推动我们迈向事业的更高峰，就能推动我们走向更辉煌的未来。

（江苏省苏州市草桥中学　曹大赞）

教与学

1. "写什么"是作文教学的关键所在

  我们不能只思考作文的法度、技术等等问题，而不去管文字的原料——思想、情感的问题，因为我们的作文，无非想着这原料是合理的，是完好的，才动手去作的。而这原料是否合理与完好，倘若不经考定，或竟是属于负面的也未可知，那就尽管在法度、技术上用工夫，也不过虚心耗力，并不能满足写作初愿。

——叶圣陶

  （摘自《叶圣陶 吕叔湘 张志公语文教育论文选》，开明出版社，1995年）

  在应试作文功利性的驱使下，如今的作文教学几乎把精力全都投入到"怎么写"的"技术"指导中，一些报刊也在大肆兜售所谓"作文技巧"的秘诀，诸如怎样拟题，怎样开头，怎样结尾，怎样安排结构，怎样打造"亮点"，怎样吸引阅卷老师的眼球，等等，甚至有老师给学生面授"机宜"——"开头至关重要，结尾马虎不得，中间无所谓"。于是乎，一些学生便抛开对作文"本真"的追求，抛开对社会生活的体悟，抛开对名著时文的阅读，而去潜心研究以不变应万变的作文"招式"，挖空心思在作文形式上"翻新"，以致把作文搞成了"文字游戏"。

诚然,"怎么写"很值得我们在作文教学中予以关注,但是"写什么"更应引起我们的高度重视,而且它才是我们作文教学的关键所在。

大家都知道一个常识,写文章就是反映自己对客观事物的理解和看法,就是表达自己的态度和情感,就是服务于现实生活。因而,"写什么"即文章的内容肯定是第一位的,只有当社会生活在人头脑中产生了反映,只有因学习、工作、生活的需要而有话要说,人们才有表达的意愿,才开始动笔写文章。至于"怎么写"即用怎样的形式来写,那要看对何人表达,在何种场合表达,为达到何种目的而表达,不必刻意去"包装"。内容决定形式,这是亘古不变的金科玉律。叶圣陶先生早在 1924 年就指出:"我们不能只思考作文的法度、技术等等问题,而不去管文字的原料——思想、情感的问题,因为我们的作文,无非想着这原料是合理的,是完好的,才动手去作的。而这原料是否合理与完好,倘若不经考定,或竟是属于负面的也未可知,那就尽管在法度、技术上用工夫,也不过虚心耗力,并不能满足写作初愿。"他还说:"作文这件事离不开生活,生活充实到什么程度,才会作成什么文字。所以论到根本,除了不间断地向着充实的路走去,更没有可靠的预备方法。"叶老的话深中肯綮,十分突出地强调了"写什么"的重要性。正是基于这一共识,高中语文课程标准在"课程目标"中明确提出,要"学会多角度地观察生活,丰富生活经历和情感体验,对自然、社会和人生有自己的感受和思考","能考虑不同的目的要求,以负责的态度陈述自己的看法,表达真情实感,培养科学理性精神"。

从中学生写作实际的情形来看,"写什么"一直在困扰着他们。确如"绿色作文"的倡导者赵谦翔先生所分析的,由于某些唯分是图的家长的怂恿,由于某些唯利是图的媒体的诱惑,由于某些唯考是图的教师的误导,当今青少年学生的心灵受三种流行病的侵害:"一为'贫血'——亲情冷漠,激情偏执;二为'缺钙'——胸无大志,意志薄弱;三为'脑膜炎'——缺乏理性,跟着感觉走。"这样就导致中学生对生活的体验、感悟和积累不足,作文的原材料十分贫乏。没有丰厚的积淀,就没有作文的悟性、灵性和个性,那种"技巧性"的东西自然也就运用得笨拙,写出的文章充其量也只能是一个

"花架子"。因此,我们很有必要以"人本"思想统领作文教学,关注学生的精神世界,关注学生的情感领域,关注学生的认知层次,引导他们以积极的心态参与生活,以和善之心对待生命,以细微的感受体验生活的"水珠"与"枝叶",以敏锐的眼光发现真善美与假恶丑,以健康的情感徜徉在书页之间。真正从根本上解决了"写什么"的问题,学生的精神世界丰富了,情感领域活跃了,认知层次提高了,便会萌生作文的欲望,灵活运用一些作文的技巧。

值得一提的是,作文教学重在教"写什么"不是指在选材范围上画框定调,而是帮助学生凿通生活的源泉,唤起学生对作文本质意义的深刻认识,调动学生体悟生活的情感与主动性,指点学生到生活(也包括书本)的广阔原野去获得精神营养,引导学生说出"诚实的自己的话"。具体来说,可以进行旨在充实自我、提升人生境界的四个方面的"对话":与自我对话,认识真实的自我,展示血肉丰满的自我,展示一个独特的世界;与自然对话,投身大自然的怀抱,不只是身形的接近,而且是心灵的融入,用眼去观察它的形态,用心去倾听它的声音,用情去呼吸它的气息;与社会对话,强化自己在社会舞台的角色意识,学会与周围人交往、交流、和谐相处,懂得珍视生命、尊重他人、关爱他人,形成强烈的社会责任感;与大师对话,多读关于大师的传记作品,多读大师们留下的经典著作,观照自我,通过追慕灵魂来拷问灵魂,从而摆脱"小我",提高人生品位,使自己成长为一个富有个性的大写的"人"。诚如是,我想学生在写作时就能倾吐真情、张扬个性,也就会在作文的王国里自由翱翔了。

再重申一下我的观点,"写什么"才是作文教学的关键所在。奉劝只在"怎么写"上出"招"的老师,好好读读叶圣陶吧!

(安徽省霍邱县第一中学 赵克明)

2. 从精批细改的重围中突围

> 我当过教师，改过学生的作文本，不计其数，得到个深切的体会——徒劳无功。
>
> ——叶圣陶
>
> （摘自《叶圣陶教育文集》，人民教育出版社，1994年）

叶圣陶说过："我当过教师，改过学生的作文本，不计其数，得到个深切的体会——徒劳无功。"

作文的批改历来是个老大难问题，在传统的精批细改的背景下，一摞摞作文本堆得像一座座山，压得教师"苦不堪言"。大多数老师都不辞辛劳地批阅学生的习作，加班加点甚至常常将作文带回家"挑灯夜战"：一本又一本地认真批注、修改，工工整整地写下许多眉批、总批。而当作文本发到学生手中，却出现了令老师们难堪的情况：大多数学生只看一下分数，就把作文本丢在了一边，老师付出了辛勤汗水，除了领导在检查时偶尔赞扬教师工作认真外，学生的收益却实在甚微。高投入低效率所带来的效果说白了——就是给领导、家长看的。

一、为什么明知被围却甘被围困？

在这方面，基层教师处于被围的弱势地位，因为围住他们的至少有三股势力。

第一股势力最为强大，那就是行政领导——几乎每所学校对教师如何批改学生作文都有明文规定，要求老师全批全改，每篇作文都要有眉批和总批，甚至表扬、鼓励的语言如何书写都有细化要求，并把作文的批改情况作为教学检查、考核的一个重要部分。在这样强大势力的围困压迫之下，老师如何能不精批精改？如何敢不精批精改？于是老师们不得不加班加点，甚至把一摞摞作文本带回家"挑灯夜战"！

第二股势力也不可小觑，那就是学生家长——每位家长都关心孩子的发展，作文能力是语文学习的重头戏，家长自是不会忽视。老师若不批改，或不认真批改孩子的作文，会被家长批评为教学工作不认真、不负责。面对这样的围困压力，老师对于作文的批改同样懈怠不得！

第三股势力最为关键，那就是教师自身的心理结扣。如果说前两种重围来自外部还能对付，最难对付的很可能就是来自教师内部心灵上的结扣。我们的每位教师都很敬业，真让他们丢下作文不改，他们也会觉得有心理压力。若被领导、家长说闲话，教师更是受不了。老师们在这样的心理压力下更是把作文的精批精改看得非常重要，虽是苦不堪言，却还是力求"苦中作乐"！

难怪吕叔湘先生这样说："作文教学是语文老师最头疼的问题。家长、校长乃至社会舆论，都要求教师——'精批细改'，可是作文本子多，时间不够，尽管天天开夜车，仍然是不够'精'，不够'细'。在学生方面，作文本发下来之后，认真琢磨批改的道理的毕竟是少数，多数是只看看总批和分数，批改的地方越多越懒得看，这样，教师的辛勤劳动也就收不到应有的效果了。"

正是这三大势力长期以来压得老师们喘不过气来，明知道不能产生效益，但却不惜加班加点、挑灯夜战，"革命到底"，不把每一个学生的习作精批精改"誓不罢休"……就这样长年累月，"乐"此不疲，而且毫无怨言！我们的小学语文教师真伟大啊！

二、究竟怎样才能突破重围？

既然是这样"高消耗低收益"，为什么不想方设法突破重围？除了受传统习惯势力约束外，最主要是缺少手段与策略。

作文教学一直是语文教学的重中之重。但毋庸置疑的是，作文也是最令师生头疼的。对学生来说，作文难写；对老师来说，作文难批。

传统的作文批改方法是教师全批全改，精批细改。这种方法至少有两大弊害：一是教师疲于奔命，批改一次作文如背一座大山，压得教师"苦不堪言"；二是学生受益甚微，对教师付出的心血全不在意。

学生作文教师批改，学生始终处于被动的客体地位。当教师在办公室发扬愚公移山的精神，默默地"挖山"不止时，学生早已把作文内容忘到"爪哇国"去了。等老师把批改好了的作文发到他们的手里时，他们大多都是浏览一下成绩和评论，而对自己的习作连认真地看一遍的兴趣都没有了。于是乎，作文批改收不到实效，教师的精批细改成为"一江春水"付诸东流了。

因此，我们提出：减负增效从学生作文自能批改开始！

指导学生互批互改作文不但能有效提高学生的写作能力，对培养学生的非智力因素也具有积极意义：不仅培养学生互相协作的集体感，还营造了浓厚的班级文化氛围，同时使得学生复归本位，培养了学生自改作文的好习惯。

这方面我们经过多年的探索，主要策略如下。

1. 充分发挥学生的主动性。

要相信你的学生，相信他们的评改能力，激发学生参与到这一教学活动中来，学生愿意主动参与了，才能从中主动获取收益。

每次习作后，抓住班级好、中、差三个层次的学生习作，在投影屏上显示出来，第一步，"教改"差的学生习作，细致地指导学生批改作文的技巧以及评价方式与评价语言，指导学生正确使用修改符号和学会修改字词语句的技能技巧，教会学生写评语时表述要恰当、得体，让人看得明白；第二步，"扶改"中等学生习作，进一步激发学生主动积极地参与；第三步，"放改"好学生的习作，让大家不仅改出毛病，同时在互动参与中欣赏、品味到好的学生在遣词造句、语言描写、布局谋篇等方面的长处，并为己所用。

2. 放手让学生批改。

学生对批改作文的积极性被调动、批改作文的能力被培养起来，就可以放手让学生去批改了。

先由同桌互改，之后送到四人小组给小组长改，小组长的作文送到大组由大组长来改，大组长的作文则由班长来改，老师就改班长的作文。经过这样几轮的批改，实际上学生得到了二次作文、三次作文甚至四、五次作文的机会，学生的作文能力必定会在修改中得到极大的提高。最后，将作文誊写到作文本上。

3. 八成粗批略改，二成面批面改。

誊上作文本的作文已通过学生之间几轮的批改，此时老师轮流挑出一个组面批精批，其他几组则可以粗批略改。这样轮流面批可保证每学期每位学生有两次面批的机会，小班化教学的班级学生面批的机会可以更多。

在面批的过程中，通过老师的教，让学生在实践中身临其境地感觉到好作文是改出来的，促使他们在日后的作文中想方设法多进行修改，在修改中提高作文水平。

教师的面批也不需要面面俱到，注意遵循"二八"法则。精明的犹太人发现的宇宙法则在我们的班级中同样存在。好学生、特殊学生所占的比例也符合这一法则，最好的学生和最差的学生只占到两成，中等学生占到八成。要抓住两头的学生面批面改来促进中间学生的进步。每次作文批改抓住两成学生，就能取得八成的效益。

最后，需要提醒的是：学生每次修改的作文草稿本最好不要丢了（可准备两套作文本——草稿本和书写本），对学生来说留下来不断看看，从中会有新的收获；对教师来说，也可以应付领导的"求全责备"。

三、不断增加突破重围的内在力量

能不能最终突破重围，取得领导、家长、社会和同行的肯定，靠的是实力，而这种力量主要来自学生，学生的自能评改能力是最终完全冲破重围的决定性力量。而这种力量的形成和发展，靠的是平时有针对性的训练。

突破重围主要有三种形式：

1. 课堂上一课安排一次练笔点，读写结合，并自能评改。
2. 课外阅读提倡写旁注，并给予指导。
3. 提倡写日记尤其是循环周记并互相评改。

以5人或7人一组，一人一天一篇轮写日记，后面写的人认真品赏前面的作品并为前面同学进行修改、写下评语。老师定期评比日记之星和修改之星，不断鼓励学生的写作热情，指导提升学生的写作与修改的水平和层次。长期坚持定有大收获。

最后引用两句名家名言作为结束：

能不能从小学高年级起，就使学生养成写日记的习惯呢？或者不写日记，能不能养成写笔记的习惯呢？凡是干的、玩的、想的，觉得有意思就记。……这样的习惯假如能够养成，命题作文的办法似乎就可以废止……

——叶圣陶

在我的中学时代，什么东西真正提高了我的语文水平，使我在后来的写作生涯中受益无穷？我发现是两样东西：一是读课外书的爱好；二是写日记的习惯。

——周国平

（江苏省南京市栖霞区教研室　陈道佩）

3. 课堂小练笔如何走向高效

> 阅读的基本训练不行，写作能力是不会提高的。
>
> ——叶圣陶
>
> （摘自《叶圣陶语文教育论集》，教育科学出版社，1980年）

语文课程的基本能力是学习语言，理解、运用语言文字的能力。英国著名语言学家帕尔默博士说过，理解一种语言是如何运用的，与学会如何使用这种语言之间存在着重大的区别。衡量学生是否学会了语文，不是看理解了多少语言知识和规律，也不能仅仅看积累了多少词语句子，而应该看他是否能够熟练地运用这种语言。"语文是实践性很强的课程，应着重培养学生的语文实践能力，而培养这种能力的主要途径也是语文实践。"教师应想方设法在语言实践中提高学生的语言能力，课堂小练笔就是最为常见的一种形式。小练笔在许多课堂教学中，屡见不鲜，可是课堂小练笔的重要性和有效性却并没有引起教师的关注。笔者将当前课堂教学中造成小练笔低效或无效的原因和思考写出来，与大家共同探讨。

一、作为机动环节，造成效果低下

1. 教学误区。

著名特级教师沈大安到我们学校指导语文教学，几位教师上了研讨课。有两位教师在教学过程中都设计了小练笔环节，可是当学生刚要写或只写了一两句的时候，下课铃声就响了，教师只好让学生将小练笔的内容留到课外去完成。在评课的时候，沈大安老师特意针对这种现象询问了两位上课的老师，两位老师这样回答：小练笔教学环节是个机动的教学环节，有时间就去完成，没有时间就留在课下完成。"这样的想法不得不引起我们的思考和重视，把小练笔作为课堂教学的点缀，作为可有可无的教学环节，怎么会有练笔效果呢？怎么会提高学生的语言运用能力呢？

2. 教学对策。

针对上述教学现象，教师必须重新认识和重视课堂小练笔。课堂小练笔是读写结合、读写互动的有效方式；是语言迁移运用，在具体的语言实践中进行语言训练的重要手段；是加深对课文内容的理解，训练写作能力的有效方式。所以在教学过程中，教师应尽量做到精讲多练，留有足够的时间让学生进行小练笔训练，保证小练笔的有效性，切不可把它作为"摆设环节"，随意为之。

二、读文练写脱节，造成效果低下

1. 教学误区。

许多教师认识到课堂小练笔的重要性，也把它作为课堂教学的一个重要环节。可是在教学过程中，教师在学生没有充分朗读课文、感悟课文的基础上，就急于让学生写小练笔，造成课堂小练笔效果低下，甚至无效。我校一位青年教师在执教《卖火柴的小女孩》这篇课文的过程中，学生在初读课文之后，教师只是让学生说说课文的主要内容，粗略地讲解课文中的一些重要语句，便急忙出示小练笔："读了这篇课文，我相信你们一定非常同情和关心卖火柴的小女孩，她跟着奶奶一起走向新年的幸福。她们飞到哪里去了？生活得怎么样？请你们大胆想象，接着课文写下去。"学生经过近十分钟的折磨，只写出几句干巴巴的话，即使写作较好的学生也只是写出没有真情实感的空话、套话，甚至有的学生在朗读自己小练笔内容的时候，还笑得非常开心。

2. 教学对策。

面对以上的小练笔教学，我认为它带来的后果不仅是小练笔的无效，而且会造成整个课堂教学的低效，造成学生厌学的情绪。我想造成这种结果的根本原因是教师为练笔而"练笔"，没有认识到朗读课文、理解课文、感悟课文的重要性，不知道读写结合的教学原理。读和写看起来是两个互不关联的概念，可是它们之间却存在着密不可分的关系。教育心理学表明：读是写的基础，是一个信息输入的过程。只有当学生静心走进文本认真阅读，和文本产生贴心的对话,才能激起学生的情感,调动学生的体验,激发学生表达的欲望。写是读的表现方式,是一个信息输出的过程。学生在文本阅读中得到情感的调动,以感悟文本的内容为生成表达材料的基础,通过写作来表达这种强烈的情感和体验。叶老说:"阅读的基本训练不行,写作能力是不会提高的。"所以说,在小练笔的时候,学生没有充分感悟、理解课文内容,没有从文本中读出自己的见解,情感没达到不吐不快的程度,小练笔是很难见成效的。

3. 案例印证。

《燕子》是一篇经典课文,在第一自然段中,作者抓住燕子的外形特点,用极其简练的笔法有顺序地描绘出活泼机灵、漂亮可爱的小燕子,思路清晰,形象生动。我根据此段文字的表达特点,让学生在感悟表达方法的基础上模仿写作,提高学生的言语表达能力。教学片段如下:

师:课文第一自然段是怎样描写燕子的?自己默读课文,看看课文写了燕子外形的哪几个方面。

(学生默读课文,画出相关内容。)

师:大家画得非常认真,让我们来交流一下。

生:主要写燕子的羽毛、翅膀和尾巴。

(教师梳理并板书。)

师:课文是按照什么顺序来写这三部分内容的?

生:先对燕子进行整体描写,然后分别介绍了羽毛、翅膀和尾巴。

师:你说得非常好,作者先写燕子全身乌黑光亮的羽毛,再从头部到尾巴介绍了翅膀和尾巴。我们描写小动物的外形时也要这样有顺序地去写。

(播放课件:展示一只可爱的小燕子。)

师:作者又是怎样把这三部分介绍得生动具体的呢?

(学生读课文,进行思考。)

生:作者写燕子羽毛乌黑光亮,非常好看。

生:作者运用比喻的写法,把尾巴比喻成剪刀,介绍燕子有一双俊俏轻快的翅膀。

师:同学们都说得不错,作者并没有把燕子身体的每个部分都写得非常清楚，而是抓住几个最有特色的地方，用生动活泼的语言来描写，或者用恰当的比喻来形容，使我们眼前仿佛出现了一只活泼可爱的小燕子。

（学生有感情地朗读课文。）

师：同学们，读了此段课文，感觉作者把小燕子写得栩栩如生，你们能不能模仿作者的写法，也来写一写你们熟悉的一种小动物呢？

练笔选登：

我外婆家喂养了一只可爱的小白兔，它长得真可爱。胖乎乎的小白脸上镶嵌着一双红宝石似的眼睛，三瓣嘴上还长着像小猫一样的胡须，吃起东西来胡须一动一动的，真有意思。特别是它总把那两只长长的耳朵竖得直直的，显得十分神气。

三、训练点不合理，造成效果低下

1. 教学误区。

在许多小练笔的过程中，如果教师没有找到合适的语言训练点，取得的效果也是微乎其微的。一位教师在执教《卖火柴的小女孩》的过程中，设计了这样的语言训练点：

小女孩多么想抽出一根火柴来暖和暖和自己的小手啊，她敢吗？小女孩或许不停地问自己："我能吗？"请同学们结合自己的感受和想法，完成下面的小练笔：

如果我擦燃火柴，_____。
如果我擦燃火柴，_____。
如果我擦燃火柴，_____。

教师设计这样的小练笔训练，学生也能写出精彩的话语。可是这样的小练笔训练，对课文的理解和感悟、语言的迁移运用究竟有多大的作用呢？

2. 教学对策。

教师在设计小练笔的时候，一定要根据课文内容和文体特点设计合适的训练点，从而提高小练笔的有效性。小练笔的训练点可以在以下几处进行设计：课文内容的空白处、人物心理的矛盾点、意犹未尽的课文结尾处。也可以仿写课文的言语表达形式。

3. 案例印证。

在教学《穷人》这篇课文的时候，我就在课文结尾设计了一个小练笔训练：

"你瞧，他们在这里啦。"桑娜拉开了帐子。帐子拉开了，映入渔夫眼帘的是怎样一幅温馨感人的画面？渔夫和桑娜之间会说些什么？他们今后将怎样支撑起有七个孩子的家？请你展开想象续写一段话。

练笔选登：

洁白的、缀着补丁的帐子，被轻轻地拉开了，丈夫一眼就看见了睡得正香的孩子，那熟睡的样子真可爱！丈夫看了以后，假装生气地说："桑娜，这就是你的不对了，这么大的事情，怎么不和我说呢？"桑娜温和地说："我其实很想跟你说这件事情，可是我们家中负担已经够重的了，孩子们都吃不好、穿不好。生怕再把这两个孩子带回来，你不同意我这样做。没想到你居然同意了。""我怎么会不同意呢？"丈夫说道，"我可是有爱心的人呀！"从此，桑娜和丈夫变得更勤劳了，几个孩子在他们的关怀下快乐地成长起来。

有些课文在描写过程中，有许多地方留下空白，引发读者的想象。教学过程中，教师可以抓住课文内容的空白点，设计小练笔训练，指导学生想象练写。比如：

《老人和海鸥》一文中，老人和海鸥之间的深厚感情真是感人。当老人死去的时候，海鸥在老人的遗像面前排成两排，如果你能听懂海鸥的语言，它们会说些什么呢？请你展开想象，并写下来。

练笔选登：

老人，你怎么变成这样了？怎么不会动了？你怎么不再给我们喂食了呀？原来，老人你去世了，你怎么不告诉我们你生病的消息呢？以后再也没有人给我们喂食了，再也没有像您这样和蔼可亲的老朋友了！

四、缺少方法指导，造成效果低下

1. 教学误区。

学生进行小练笔练习，缺少教师的指导，也会造成低效或者无效。有的老师把小练笔的内容和要求出示之后，就放手让学生独立去写，缺少方法的指导。学生往往无从下笔，即使勉强挤出一些内容，也是干巴巴的语言。

2. 教学策略。

针对这种情况，教师还需要根据小练笔的内容和要求，给予具体的指导。语文教育家叶圣陶针对阅读与作文的关系曾指出，阅读和作文是彼此相联系的两件事，在构思、选材、谋篇、分段、造句、用词等方面有着共同的联系点。"阅读是写作的基础"，"写作能力跟阅读能力有关系，阅读得其道，无论是在思想吸收方面或者是在言语训练方面，都是写作上的极大帮助"。练笔有了老师的指导，不仅学生练笔写出的内容丰富、思路清晰，而且能培养学生运用词语的意识和能力。

3. 案例印证。

我在教学《把铁路修到拉萨去》这篇课文时，让学生看课文中的插图（人们庆祝风火山隧道开凿成功的场面），展开想象写一写插图中的内容。学生在写的过程中，我给学生提供了一些词语——圆满成功、欢呼雀跃、手舞足蹈、喜笑颜开、欢声笑语等，让学生在练写的时候能够有选择地运用。

练笔选登：

风火山隧道胜利竣工了。这里正在举行竣工庆祝大会：在风火山隧道洞口，他们有的举着红旗欢呼，有的欢呼雀跃、手舞足蹈，有的喜笑颜开、挥手高呼……他们为隧道开凿的圆满成功欢呼，为自己创造了修筑铁路的奇迹感到骄傲，为自己坚强不屈的精神感到自豪。

学生写完练笔之后，教师要注重在交流中给予评价、指导，特别是在词语使用中的准确性，语句表达的精炼、严谨，或者是修辞方法的运用方面，要给予学生有效的指导。要让学生在写作中进行言语实践，在修改中提高言语表达能力，切实有效地让小练笔走向有效、走向高效。

（浙江省乐清市育英学校　郭运动）

4. 在阅读中生发作文

阅读教学之目的,我以为首在养成读书之良好习惯。教师辅导学生认真诵习课本,其意乃在使学生渐进于善读,终于能不待教师之辅导而自臻于通篇明晓。课外更选读本,用意亦复如是。果能善读,自必深受所读文篇之影响,不必有意模仿,而思绪与技巧自能渐有提高。我谓阅读是为写作之基础,其意在此。

——叶圣陶

(摘自《叶圣陶语文教育论集》,教育科学出版社,1980年)

我们知道,作文的源头在生活,然而应根植于阅读。因此,平常引导学生阅读,与名篇对话,主要是为了增加学生的阅读量,扩大阅读面,增加积累量,从名篇中吸收营养,增加学生的精神底蕴、文化底蕴。这些积淀储存于大脑,将成为学生的终身营养,也是语文素养、作文素养的重要构成。它们一旦被激活,就会产生综合效应,有利于提高学生的表达能力。

阅读教学中,我们发现这样一种现象:当学完一篇课文,要求学生根据课文的内容续编故事时,大家都很高兴,因为这样的写作有课文提供的人物形象或故事情节,只要重新换个思路再构思一下,写起来不会感到太困难,而且有话可说,比那些命题作文要轻松得多,作文过程也变成"想写、要写"的自主创作过程,充满了快乐和成功的体验。叶圣陶先生认为,阅读是"吸收"的事情,从阅读中,我们可以领受人家的经验,接触人家的心情;写作是"发表"的事情,借写作,我们可以显示自己的写作经验,吐露自己的心情。但我想,以前我们的习作教学一直很强调学生关注生活,让他们以自己的亲历亲为作为材料进行写作,那现在能不能把习作换一种形式,也就是说,阅读不再仅仅是一种吸收、积累，能不能以阅读为平台，在阅读材料的基础上生成、生发故事，进行作文训练呢？

一次读书交流会上，同学们汇报阅读曹文轩的《草房子》的感受，我让大家谈谈对这部书中人物的看法，并就文中某些精彩的情节发表见解。在大家畅谈之后，我问："如果让我们来创作其中的故事或情节，你会怎么写？"大家一听很感兴趣，纷纷要求试一试。结果作文的内容真是丰富多彩，有同学以秃鹤这个人物形象为生发点创作了《长了头发的秃鹤》，有同学以桑桑转学为内容写成了《油麻地，我桑桑又回来了！》等，文笔也变得特别生动优美，就连平时一提到作文就头疼的几个"后进分子"，竟然也洋洋洒洒，写出了比较像样的作文。此后，在阅读中生发作文，成了我班同学的一大习作乐趣。

实质上，学生在阅读中，会对文本、作者及其中的人物形象等内容产生自己独特的看法，他们把自己的所思所想写下来，也是一种创作。在阅读中生发作文，就是在学生阅读的基础上，教师通过引导点拨，以阅读内容的故事情节、人物形象等为生发点，让学生以想象的形式，对其进行再创作的过程。

生发作文不同于平常阅读教学中读写结合的训练形式，也不仅仅是对阅读中获得的写作知识的一种实践尝试，它有其本身的写作要求。首先，生发作文是有本之作，有根之作，其根本是阅读，是在阅读基础上的生发、创作。阅读的内容可以是一篇文章，可以是一本书；可以是课文中的内容，也可以是课外的。阅读为生发作文提供了材料，创设了一种写作情境。学生在阅读中会对阅读内容产生许多个性化的思考，把这种思考作为一种生发点进行创作，学生的写作兴趣会大增。其次，生发作文要帮助学生找到合适的生发点。所谓生发点，就是阅读材料中可以提供写作机会的切入点、着眼点，如情节中的空白、言已尽而意无穷的结尾等。巧妙而恰当地找准生发点，有助于激活学生的创作冲动。再次，要引导学生借助生发点展开想象。生发作文其实是一种想象作文，但这是在阅读基础上的想象——它的原材料基于阅读内容，可以是对人物的再塑造，对情节的再改造。作文的过程就是想象创作的过程。而这样的写作，降低了习作的难度，学生写作时能言之有物，信手拈来，随心而为。最后，写法灵活，可以改写、扩写、续写，也可以补白、增添等，具体可根据写作需要而定；表达自由，形式不限，可以写人、叙事，也可以写景、状物，可以是童话、寓言，也可以是诗歌、小说，可以是内容赏析，也可以是评点……

阅读是与文本对话的过程，生发作文就是在这种对话基础上的一种自由表达，它是学生阅读后完全自觉自愿的自主作文。

北师大教授刘锡庆指出：作文教学的目的何在？在于解放人的精神和心灵，把作文主题的潜在想象力、创造力和表现力——即鲜活的强悍的"生命力"都尽情地释放出来。新课程标准中要求习作教学"为学生的自主写作提供有利条件和广阔空间，减少对学生写作的束缚，鼓励自由表达和有创意的表达"。我认为，生发作文是习作教学中实践自由表达理念的有效策略，它能最大限度地释放学生的生命活力，培养学生的创新能力。

其一，选材的自由。学生阅读的内容是丰富多彩的，不仅有人物传记、神话传说、英雄故事，而且有童话寓言、科幻小说、科普作品，古今中外，无不涉及。这就使得作文材料的可选择性范围宽泛了许多。选材的自由，突破了作文训练的封闭性，使作文内容更开放，学生可以从不同方面、不同角度、不同层次展开思维，打破常规，有创意地表达。写作中他们放飞自己的心灵，展示多彩的童心世界，写出有新意的东西，能享受到"天高任鸟飞，海阔凭鱼跃"的自在与自得。

其二，抒写的自由。写作的过程是心灵表达的过程，写作是从"心坎里唱出的歌"。每一个儿童都是天生的诗人和哲学家，每一个学生都有其独特的思想和情感。作文教学应唤醒学生沉睡的心灵，激活他们的习作潜能。生发作文的材料来自学生所阅读的文本，不断地阅读就会有源源不断的材料，也便有取之不尽、用之不完的写作素材。所以，学生的写作兴趣大增，写起作文来得心应手，有事可写，有情可抒，有感可发。写作潜力被激活，便能用写作倾吐自己的思想，尽情地吐露真意，自由地抒发真情，使文章充满真情实感。虽然它也是想象作文，但它有阅读的基础，其想象是一种有根据的想象，不是胡思乱想。阅读使学生的心灵变得丰富而细腻，而生发作文又可以让他们将生活和阅读的体验以及心灵的感悟融合到一起，具体真实地表达出来。这样的作文不是胡编乱造，无病呻吟。

其三，言语的自由。我们知道，作文是一种创造性的思维过程。学生把生活现象写成作文，需要有一个用自己的语言加以组织和转化的过程。这个过程是作文中比较难的转换过程。而从阅读中获得的写作材料，经过作家的艺术加工，人物比生活中的更可爱，故事比生活中的更有趣，情节比生活中的更曲折。他们在获得这些作文材料的同时，也获得了记叙和描写这些材料的语言。学生在选用材料时，会根据自己作文的需要，自由选用阅读材料中的精彩语句、各种句式及一些写作的技巧。学生在学习、运用语言的过程中，会形成一套只属于他们的言语系统来自由表达自己的所见所闻、所思所感。这套言语系统独特而富有情趣，词汇虽然不丰富但很生动，不够规范但有创意，表达不精确但足以描述他们的生活。这个过程不仅能丰富学生表达的语言，而且能有效地提高他们遣词造句的能力，使作文的语言生动而有灵性，多姿多彩富有表现力。

萨特说："阅读是一种被引导的创造。"生发作文就是学生在个性化阅读的基础上，对原文本的一种创造。这种创造源于文本而又不囿于文本，它是对原文本的一种拓展、延伸、丰满、超越，也可能是完全颠覆、全盘否定。这种作文形式有助于学生在阅读中形成自己的独特体验和独到见解，发展批判性思维，培养创造性阅读的能力。

从写作的角度讲，生发作文这种想象作文形式受到学生的喜爱，是因为阅读给予了想象一个台阶、一根拐杖，给想象插上了翅膀，使其能"飞"得更远。这比无中生有的想象更有助于激发学生写作的灵感。在流畅的思维中，他们会文思泉涌，妙笔生花，遣词造句的语言表达能力不断得到发展，并渐入佳境，生成写作智慧，形成写作素养。

叶圣陶先生说："阅读教学之目的，我以为首在养成读书之良好习惯。教师辅导学生认真诵习课本，其意乃在使学生渐进于善读，终于能不待教师之辅导而自臻于通篇明晓。课外更选读本，用意亦复如是。果能善读，自必深受所读文篇之影响，不必有意模仿，而思绪与技巧自能渐有提高。我谓阅读是为写作之基础，其意在此。"在阅读中生发作文是互惠互利、互相促进、共同提高的多得之举。阅读为写作提供了坚实的基础，这种基础既有写作材料方面的引路,又有语言方面的借鉴,既有方法上的引领,又有思维上的点拨;而写作又可以督促、鞭策学生深入阅读,从阅读中汲取营养,促进学生养成阅读思考的习惯,形成良好的阅读品质。

在阅读中生发作文,为作文教学提供了一种新思路,为作文教学注入了一丝活力。

(江苏省如东县马塘小学　刘剑华)

5. 寻找语文教学的最佳"导"路

语文老师不是只给学生讲书的，语文老师是引导学生看书读书的。一篇文章，学生也能粗略地看懂，可是深奥些的地方，隐藏在字面背后的意义，他们就未必能够领会。老师必须在这些场合给学生指导一下，只要三言两语，不要噜里噜嗦，能使他们开窍就行。老师经常这样做，学生看书读书的能力自然会提高。

——叶圣陶

（摘自《谈教学的着重点》，《人民教育》，1981年第1期）

新课程来临后，伴随着教师角色的转变，教师成了学生"学习活动的组织者和引导者"。教师的教学方式从以往课堂上的"讲"变为当今课堂上的"导"，教师已不再不厌其烦地灌，而更多地在学生自主合作探究下的"导"。语文教学中教师的"导"，就其内容来讲，主要仍是围绕知识与技能、过程与方法和情感态度与价值观去"导"。"导"的目的是追求高效地完成语文教学目标任务，"导"的实质是语文教师"如何高效地教"，"导"的成效是有效地培养学生的语文能力和语文情感，"导"的时空是语文教学的过程。

教育家叶圣陶告诉我们："语文老师不是只给学生讲书的，语文老师是引导学生看书读书的。一篇文章，学生也能粗略地看懂，可是深奥些的地方，隐藏在字面背后的意义，他们就未必能够领会。老师必须在这些场合给学生指导一下，只要三言两语，不要噜里噜嗦，能使他们开窍就行。老师经常这样做，学生看书读书的能力自然会提高。"可见，老师在教学中一定要当好"导"的角色，寻找最佳的"导"路。

语文教师的"导",首先要注意的是"导"的时机。"导"法体现的是语文教师的教学智慧,它能综合反映一位语文教师的专业素质。语文教师要深入领会"道而弗牵,强而弗抑,开而弗达"的内涵,要研究透彻怎样才能做到,什么时候"导(道)"什么时候"开"。许多语文教师受传统讲授法的影响,经常是"导(道)而牵","开而达",结果学生成了知识的接收器。那么,语文教学的最佳"导"路是怎样的呢?

一、顺势而"导"

语文教师在教学中应顺着学生的"愤""悱"形势推波助澜,顺着学生自主学习后的理解判断作进一步的"导",以帮助学生更加深入地理解、鉴赏文本,从而获取语文知识并形成语文能力。这样的顺势,是指学生在对文本解读形成认知时的思维指向始终结合文本,始终是围绕文本本来的价值取向在建构意义,始终不受各种因素的干扰而偏离文本价值。这个时候,教师的"导"就似顺水推舟,它连接的是学生的正向思维,教师只需要对学生"愤""悱"的内容作正向启发、诱导、点拨,学生的思维就会顺势而行,教师的"导"就相对容易些。顺势而"导",通常可以从六个方面进行。

1. 营造情境,导激情。

教师在教学过程中结合文本信息,利用文本内涵为学生营造积极亢奋的情感场,通过多种媒体诱导学生的激情,诱发学生强烈的探究欲望,让学生在浓浓的情感包裹中学习文本并形成能力。

例:洪宗礼执教《一双手》的课堂片段。

师:你见过松木吗?

生:见过。

师:松木什么样子?我最近请木匠师傅找了半截老松木,是这样的。(老师出示半截老松木,一双手的粗、老、硬、干、色深、厚的特点,全部呈现于学生眼前,比喻的形象、贴切,不言而喻。全班同学兴奋地笑了起来,有的从座位上站起来看。)

师:我要同学们看着老松木,想一想作者用半截老松木比喻一双手,说明一双手有哪些"奇"的特征?

思考:

洪老师用同学们都熟悉的一截老松木,"导"出了全班同学"兴奋地笑",调动起了同学们参与课堂学习的激情。有这半截老松木在同学们眼前,学生就会在文本与老松木之间建立起众多的联系,就会把文本信息形象为这半截老松木,从而在大脑中建立起一双手的形象。同学们看着这半截老松木顺利地答出那一双手的"奇"处。洪老师的这一"导",一举多得,学生能在课堂"兴奋地笑"起来,"导"的目的已经达到。

2. 架桥铺路,导方向。

当学生在自主学习中被众多的文本信息包围而一时找不准自己要探索的方向时,当学生分析鉴赏文本而被纷繁的信息迷惑找不到出口时,教师就要抓住时机为学生架桥铺路,引导学生把繁冗的信息条理化、类别化,点拨学生从多个侧面、多个角度去分析文本信息,多作广度思考,然后综合分析。但教师架桥铺路的"导"不是修好路让学生走,而是教师与学生共同"架"与"铺",以学生自己的"架"与"铺"为主,教师仅是"弗牵"的角色。因此,这样的"导"其实是为学生后续的学习"导"方向,点拨学生更加深入地探究文本的内涵,从而建构自己的意义。

例:蔡澄清执教《孔乙己》的课堂片段。

师:请同学们边读课文边思考以下问题:(1)孔乙己有哪些性格特点?具体表现在什么地方?作品是怎样描写的?(2)孔乙己的这种性格是怎样形成的?(3)作家对孔乙己的态度怎样?作品所表达的主题思想是什么?

为帮助同学们理解,请填写下表。

描写内容	课文中具体描写的语句	表现的人物性格特点
外貌整体描写		
肖像描写		
服饰描写		
个性化语言描写		
动作神态描写		

思考：

小说《孔乙己》内涵丰富，人物性格鲜明，但如果让学生在自主学习的基础上独自回答那三个问题，学生会因为文本信息太多而仅能抓住少部分，很难从整体上全面地分析人物性格、小说主旨以及作者的态度。为了提高学生自主学习的效率，教师巧妙地"引导"——表格出场，有了这张表格的"导"，学生不仅进一步理解了文本信息，抓住了课文中描写人物的关键语句，而且还能从不同的描写角度去分析人物的性格。这样，学生在填写完这张表格后，不仅能正确回答问题（1），而且还为探究问题（2）和（3）做好了铺垫。如果没有蔡老师的这张表格，学生是很难把这五个方面归纳全面的。教师预计学生在学习中可能会被众多的文本信息搞得迷失方向，故而先为学生架好桥、铺好路。从上表可以看出，教师的"导"也仅是为学生指路，更多的内容必须由学生自己解决。

3. 刨根究底，导原因。

学生在自主学习中，根据自己的阅读期待，能够建构自己的文本意义，并且还完全与文本的价值相吻合。这是学生扎实的语文基础和较强语文阅读能力的体现，是语文教师最感到幸福的。但在这样的情况下，教师的"导"则愈加重要。教师不应该止于学生已知道什么，而应该关注学生得出结论的原因，即"为什么"。教师应该顺势"导"出学生的思维过程，"导"出其得出结论的条件、思路。这个"原因"其实就是过程与方法，它远远重于作为结果的知识。因而，引导学生刨根究底实质上是对过程与方法的追寻，是对过程与方法的强化。

例：洪宗礼执教《一双手》的课堂片段。

师：这一段用对比写手大，那么第十七自然段用的什么方法写手大呢？

生：用数字。

师：用数字有什么好处？不用数字不是同样可以说明手大吗？比如有的同学作文时写大，说"很大很大""非常大""大得不得了""大得惊人"，这样写好不好？

生：不好。

师：为什么？

生：太空洞、太笼统。（七嘴八舌）

师：张迎善的手究竟有多大……

思考：

文章怎样写手大，涉及了写作方法问题，这是形成学生语文能力的关键。前面，学生已理解了如何用对比手法写手大，而此时学生又提出文章第十七自然段用数字写手大。学生能准确判断"用数字"这种方法，相对容易。但为什么要"用数字"的办法，不用可以吗？这才是语文教师要着力引导的，也是学生更需要理解和掌握的。在这个时候，教师"导"得非常恰当，用同学们平常作文时的写法来引导学生分析、思考、对比、判断，最后学生得出了教师想说的结论：用数字来写手大，使文章显得具体而不空洞、不笼统。不仅弄清楚了文本写法的好处，而且还对学生今后的学习和写作产生积极影响。教师在教学中，要针对学生的自主学习相机而动，在学生已理解的知识的基础上引导学生刨根究底，就能够在学生明白"是什么"的基础上还明白"为什么"。

4. 示范引领，导方法。

学生在自主合作学习中，通过自己的阅读总有无法解决的问题，有些学生在熟读理解文本的过程中，对教师所预设的问题感到无所适从，不知怎样切入和解答，还有的同学对教师所预设的问题能够说出自己的看法，但具体怎样表达全凭自己的感觉。在这样的"愤""悱"之时，在学生感到问题有深度和难度的时候，教师就必须引导学生走出重围，带领学生用自己的智慧按照教师的示范走出文本的崇山峻岭。此时，教师的"导"主要就是示范，像体育教师一样，给学生讲跳过鞍马的动作要领，亲自示范，并让学生明白回答此类问题的思路、方法及基本格式。

例：洪镇涛执教《天上的街市》的课堂片段（只录教师的"导"）。

师：好，大家读了一遍，现在我们来深入学习这首诗。你看这首诗不长，语句也通俗易懂，一看就明白。但是，我们深入进去，还有很多地方值得我们品味，值得我们揣摩，值得我们学习。

下面，我采取这个方法好不好？我先提出两个问题，然后你们依照我提问的角度和方法，自己来提出问题，自己来解决问题，好不好？

我们看第一节，（师读第一节后）我们现在把"天上的明星现了"，这"现了"两个字换一换，换成"亮了"。"天上的明星亮了，好像是点着无数的街灯"，行不行？好，好多人举手，你说。

师：好，我现在提第二个问题。第一节有两句话，我现在把这两句话颠倒一下，看行不行。（朗读）"天上的明星现了，好像点着无数的街灯。远远的街灯明了，好像闪着无数的明星。"换个位置，怎么样？喔，好多同学举手，你说。

师：那么，同学们发现没有，我刚才的两个问题都是从作者怎样运用语言的角度提的。第一问题涉及用词的准确性，第二个问题就涉及这首诗构思的问题了。请同学们也从语言运用的角度，学习我提问的方法。我运用了什么方法呢？

师：对，我用的就是比较揣摩法。现在请同学们也运用我提问的角度和方法，自己来提出问题，解决问题。下面，三个人一个小组互相讨论。好不好？

思考：

诗歌的赏析于初中生来讲是难点，许多学生都说冰心的《繁星》《春水》读不懂。可以看出，诗歌学习对初中生来说确实有不少困难和问题。如果仅笼统地让学生去品味诗歌语言的美，或者笼统地让学生说出诗歌美在哪里，学生多半会无从下手，无所适从。洪老师对诗歌教学的现状非常清楚，故而一开始就作示范引领，以第一节诗为例，不厌其烦地从诗歌语言及构思角度引导学生理解、分析、品鉴，点拨学生明白诗歌语言赏析和构思的最基本方法。然后，再让学生按照教师的示范去赏析后面几节。这是洪老师针对学习难点的先导后学。有了老师的示范和范本，学生就会按照老师所示范的方法去深潜文本，涵泳语言，从而得到扎实的语文能力训练。

5. 打开眼界，导持续。

教育的核心价值是培养学生学习的兴趣，引发学生对知识的热爱，并不在于传授多少知识给学生。教师在引导学生学习语文知识、形成语文能力的过程中，要不失时机地培养学生对语文的兴趣和爱好，要更多地诱导学生走出语文书学语文，多读名著，多观察社会，多面向未来学语文。要利用教材文本巧妙地设置悬念，引发学生更强烈的阅读、理解、赏析的情感，促成学生课外乃至今后成长过程中对学习的强烈兴趣。要在课堂中自然地为学生的课外阅读助力，让语文知识和能力能及时迁移并形成学生的语文素养和语文能力。打开眼界就是教师在教学中利用"引导""诱导"去诱发学生持续的对学习的强烈欲望。

例：石卉芸执教《雪》的课堂片段。

师：现在，让我们大家在音乐的伴奏下，读出我们对美的感受、理解和领悟，读出我们对作品艺术美的再创造。请大家调整好自己的感情，朗读时前半部分要轻松欢快、优美抒情，再现冬花雪景图、群儿玩雪图的柔美、健美、情趣和生机；后半部分要激越、慷慨、悲壮，凸显朔方飞雪磅礴豪迈、不屈不挠的壮美，注意把握作品的感情基调。

师：（音乐起，师表情庄重）配乐散文诗朗诵《雪》，朗诵者，初二（1）班全体同学。预备起。

（全体同学在音乐伴奏下情绪饱满、富有感情地朗诵。）

师：同学们，《雪》选自鲁迅先生的散文诗集《野草》，《野草》被誉为中国现代文学史上的喜马拉雅山，它有着无穷无尽的艺术魅力。《雪》的美，也远不是我们这一节课能够穷尽的，它留给了我们很多很多继续探索的美的空间。希望同学们能够阅读欣赏《野草》中更多的散文诗，能够阅读欣赏更多的经典文学作品。记住，阅读优秀的文学作品，朗读是最好的方法之一。朗读是艺术，是创造，更是一种高尚的精神享受。希望同学们热爱朗读，因此而热爱世界优秀的文学作品。

思考：

石老师在本节课结束的时候，通过配乐朗诵激发学生强烈的情感，进而引导学生领悟散文诗的音韵之美，并借助《雪》，顺理成章地引出了鲁迅著名的散文诗集《野草》，以及《野草》在中国现代文学史上的地位。其目的就是借此引发学生强烈的阅读欲望，希望他们能一睹中国现代文学史上的喜马拉雅山的芳容，同时告诉学生朗读的重大作用。教师在课堂上不仅"导"当下，而且还要"导"未来，为学生未来的学习做好了铺垫。

6. 画龙点睛，导概括。

教师在教学的各个环节中，要利用智慧的设计引导学生分析归纳总结出各环节的知识点、能力点、训练点，要点拨学生借助已有的知识积累建构新的认知并形成语文阅读能力和分析能力。教师在课堂上画龙点睛的"导"，其核心是培养学生在自主合作探究中形成分析归纳能力，引导学生善于从诸多的现象中找到问题的本质，在过程与方法中领悟学习语文的方法和途径。

例：钱梦龙执教《论雷峰塔的倒掉》的课堂片段。

师：好，就用"听说倒掉"。大家就以此为例，一路找下去，最后就可以把线索理出来。

（学生看书，找线索，然后口述。教师边听边写，最后完成板书：听说倒掉—希望倒掉—仍然希望倒掉—居然倒掉—终究要倒掉。）

师：你们看，作者就按照这条线索，有时叙述，有时议论，一路写下去。如果说这像画龙点睛的话，那么，在哪里"点睛"？

生：最后点睛。（师插：为什么说"睛"在最后呢？）因为"塔终究要倒掉"是文章的中心。

师：你们看，把文章的线索理一下，就可以看出作者的思路一步不乱。这可以说是杂文的一个特点：杂而不乱。

思考：

钱老师就学生对文章"杂乱"和"不杂乱"的争论，先告诉学生这篇文章是"杂"而不"乱"的。但光这样说学生是不接受的，因此，钱老师指导学生理清全文的线索，要求学生围绕"倒掉"把文章里写到有关"倒掉"的事儿找出来。待师生共同找出线索写在黑板上后，学生发现文章的思路非常清晰，一点也不乱。于是教师水到渠成地指出杂文的特点。这就是老师"画龙点睛"的"导"。这样的诱导，师生共同分析归纳，共同体验知识的生成，并最终促使学生形成语文能力。

二、遏势而"导"

在学生熟读研习文本之时，在学生之间交流学习感受研讨疑惑之时，由于文本信息的复杂和深奥，学生阅读姿态的差异，学生对文本信息的背景把握不全或者不够理解，许多时候会得出与文本传达的价值相偏离甚至相反的意义建构。诸如愚公应该搬家而不应该移山、朱自清父亲擅过铁路违反交通规则之类，这样的文本解读很容易得到学生的认同。如果教师在此时不巧妙地遏势而"导"，对学生偏离文本内在价值取向的解读表示认可乃至赞许，那就真会误尽苍生。在这样的情况下，教师必须遏势而"导"，校正学生的阅读姿态，回归文本本来的价值取向，教给学生正确的文本解读方法，形成文本解读的正确认知。

1. 辨非明是，导判断。

每个学生都是思维活跃的个体，他们对文本的解读受其以前阅读的影响一定会出现差异，在文本解读结果的内涵及表达上会有很大的不同，甚至还会出现截然相反的解读。在这种是非混淆的情况下，教师的辨非明是之"导"就不可或缺。教师必须充分利用自己的教育智慧，对学生的理解迅速地作出判断，然后再与学生一起潜入文本，在文本中分析归纳作者所表达的情感与方式，并在文本的理解和鉴赏中让学生明白文本阅读的思维过程。同时，教师还应在辨非明是的指导过程中帮学生分析出现偏差阅读的原因，找出问题的症结所在，让学生知其所以然。这样，学生才能全面形成阅读鉴赏能力。

例：钱梦龙执教《论雷峰塔的倒掉》的课堂片段。

生：（提出问题）课文第四自然段说"现在，它居然倒了"，我认为应该把"居然"改为"果然"。因为作者是一直希望雷峰塔倒掉的，现在"果然"

倒掉，语气好像顺一点儿。

师：你"居然"敢为鲁迅改文章，真是勇气过人。（笑）这问题挺"高级"，请大家发表意见。

生：我同意改为"果然"。"果然"表示塔倒在意料之中，因为塔是终究要倒的嘛！作者也是早就料定它要倒的。"居然"表示出乎意料，用在这里是有些不合适。

师：好啊！又有一位主张为鲁迅改文章的勇敢者！（笑）到底要不要改？我想鲁迅这里用"居然"，总有他用"居然"的道理，大家是不是也应站在鲁迅的角度想想？

思考：

这堂课上，学生敢于向文本发出挑战，敢于向鲁迅说"不"，不信书，不唯书，他们的反叛意识和研究精神是可嘉的。但是，学生之所以在"居然"和"果然"之间争论，且部分学生选择"果然"，是因为他们对"居然"一词在文中所表达的内涵和作用缺乏深入而详细的理解与分析，对这两个词到底哪一个更切合文本的文脉，更能体现文本本身所要表达的意图缺少了整体把握和宏观思考，而仅局限于"现在，它居然倒了"这句话中。钱老师非常敏锐地发现了这个问题，及时遏势而"导"，因为再这样争论下去价值不大，反而会误导更多的同学。因此，钱老师及时地加以引导，要求学生站在鲁迅的角度，站在全文的角度分析思考判断，并作出自己的回答。从后续课堂情况来看，钱老师的这一个辨非明是的"导"引发了学生新的思考，许多同学结合文本的思想线索及全文的整体构思，认真对比了"居然"和"果然"在文本中的语境意义，作出了正确的判断。试想，假如钱老师像我们当今的有些老师一样放任课堂自流，结果就是"居然"用错了，学生的结论该肯定。钱老师曾说："因为我首先考虑的不是学生将怎样配合我的教，而是我的教怎样去配合学生的学，因此，仔细体察学生认识活动的思路和规律，是我备课的一个重要内容。"

2. 选优汰劣，导比较。

学生在与同伴的交流讨论中所建构的文本意义，因为学生阅读期待的差异肯定会出现多个。当多种解读呈现在学生眼前时，许多同学难以甄别，认为个个都可以。但最能贴近文本、贴近作者意图的只有一个。学生之所以无法选择，主要是对文本的研读不够，对文本内涵思之不深，或者对作者的写作背景及意图不熟悉，因而出现了浅阅读。一旦课堂上出现这样的场景，教师必须诱导学生加以比较，在深入研究文本的基础上作出选择。在比较的过程中，学生经过深入而全面的分析，经过教师的点拨诱导，会弄清楚多个解读的优劣，会获得新的认知和能力。"优"与"劣"不是孰是孰非的问题，而是选优问题，这样的"导"比辨非明是的"导"要难一些，更加考验教师的语文专业功底。

例：魏书生执教《得道多助，失道寡助》的课堂片段。

师："道"是文眼，什么是"道"？

生：（学生陆续回答）"对人民好""有仁义之心""有道德""统治者应施仁政"。

师：再简练些。

生：（一人站起）仁政。

师：同学们齐声说。

生：仁政。

师：关于这个"道"字，意思最复杂。《辞海》有16种解释，《语言大典》有46种解释。在这篇课文中，应准确译成"仁政"。"得道"就是"施仁政"；那么，"失道"呢？

思考：

面对学生对"道"的多样化解读，学生很难抉择。哪一个理解更切合文本，更切近孟子的主张？教师应该引导学生选优汰劣，在选优的过程中进一步指导学生掌握分析比较的能力。在魏老师的课堂上，学生对"道"的多种理解，最切近文本的肯定是"仁政"，所以老师给予了学生很明确的回答。"道"的义项很多，学生的理解不能说没有道理，但这篇文章所论述的内容及对象决定了只能是"仁政"。教师对学生进行选优汰劣的"导"，不仅能培养学生比较分析的能力,而且还能培养学生运用语言的能力。

  语文教师在课堂上的作为越来越少地表现为"讲",越来越多地表现为"导"。"讲"是教师按部就班地授,而"导"是教师在教学之中学生最需要之时的指导、引导、诱导和点拨,"讲"更多地体现教师这个主体,而"导"体现的是尊重学生这个主体。"导"更能体现教师的教学智慧和教学能力,更能培养学生自主合作探究的能力。作为语文教师,我们寻找语文教学的"导"路还非常漫长。

(重庆市涪陵第十四中学　代保民)

6. 工具性与人文性何以体现

> 国文教学，选材能够不忽略教育意义，也就足够了，把精神训练的一切责任都担在自己肩膀上，实在是不必的。
>
> ——叶圣陶
>
> （摘自《叶圣陶语文教育论集》，教育科学出版社，1980年）

正如叶圣陶先生所说，语文的教学，不能忽略教育意义，但又不能把精神训练的一切责任都担到自己身上。课程标准要求，在语文学习过程中，培养爱国主义、集体主义、社会主义思想道德和健康的审美情趣，发展个性，培养创新精神和合作精神，逐步形成积极的人生态度和正确的世界观、价值观。如何利用文本，让学生锤炼语言、感受语言、熏陶情感、提升精神境界呢？这是我们在语文课上经常考虑的问题，从而达到语文的工具性与人文性的统一。然而，在实践中，语文的工具性与人文性却是难以把握的。

我曾观摩过一位名师的一节语文课，讲的是苏霍姆林斯基的《致女儿的信》。这可算得上是一次挑战，因为该老师发现学生当中有早恋的倾向，且显然，许多学生对爱情并没有一个科学的认识。因此，该老师想借此对学生进一次理性爱情观的教育，引导学生正确地对待正在萌动的青春情感。不仅如此，爱情虽是一个永恒的话题，但对中学生来说，是否讲得清，又如何讲得清，都将是非常难以处理的问题。

课前，该老师布置学生认真预习。如果没有踏实的预习，要想在一节课的时间内既让学生习得语言，又让学生理解文意，还要让学生逐渐树立科学的爱情观，那简直就是完全不可能的事情。在课堂上，该老师首先以著名的摘麦穗的故事导入课文的学习：柏拉图问老师苏格拉底究竟什么是爱情，苏格拉底没有直接回答,而是叫他到麦田走一次,走的时候只能一直向前,不能回头,然后在行走的途中摘一束最好的麦穗。柏拉图空手而归。后来,苏格拉底告诉柏拉图:"那就是爱情,爱情是一种理想,而且很容易错过。"实际上,人类对于"什么是爱情"的追问,从来都没有停止过,那么著名教育家苏霍姆林斯基认为什么是爱情呢?接着,该老师就介绍《致女儿的信》这篇课文的写作背景、讨论故事情节、品味重点语句、探讨文章写法特点,然后进行讨论小结,大家共同认为:爱情是人类永恒的美与力量,是人区别于其他生物的基本特征之一。学习到此,似乎问题解决了,学生通过课文的学习,知道了什么是真正的爱情,然而,爱情给人的概念还是比较抽象。我们是不是可以这样说,既然说爱情是人类永恒的美和力量,那么,我们拥有爱情又有什么关系呢?中学生是否就可以拥有爱情呢?答案显然是否定的,为什么是否定的呢?我们从前面的学习中难以找到这个问题的答案。因此,该老师又进行了拓展:每个人作为一个个体,从每个个体的全面性来看,要把爱情放在生活的层面上来理解。该老师又给同学们讲了"柏拉图请教老师苏格拉底什么是生活"的故事:苏格拉底让柏拉图去一趟树林,摘取一枝最好看的花,柏拉图去了森林,并没有摘来最美的花,而是守护在最美的花旁边。苏格拉底告诉柏拉图:"你已经懂得生活的真谛了。生活就是追随与欣赏身边的每一次美丽。"徐老师引导学生认识到,生活就是追随与欣赏身边的每一次美丽,可是,生活中的美,难道只有爱情吗?并且,每一个年龄阶段有每一个年龄段该做的事,中学生这个年龄阶段,正是掌握知识,学习本领的黄金时期,要在感受生活多方面美的同时,增强自己的本领。况且,真正的爱情并不是那么简单的事情。该老师接着讲了苏格拉底50岁时,一个18岁的姑娘疯狂地爱上了他,并且成了他的妻子的故事,引导学生认识到,要得到真正的爱情,就必须先做好自己该做的事,而且爱情不可强求。

从该老师的课来看,他重视对学生语文工具性的运用能力的培养,在课文的学习中引导学生学会运用语言,理解文字,品味重点句子,体会文章的特色,以期丰富学生的语言积淀,在日常生活或学习中得以运用。可以说,该老师就是再重视课文的教育性,也没有忽视引导学生感受语言、习得语言。不仅如此,该老师引导学生学习这篇课文的另个重要的目的,就是要对学生进行思想教育，想引导学生树立正确的爱情观。这可以说是一种不一般的尝试。一般情况下，许多教师对学生爱情观的引导往往是在平时的潜移默化当中进行，很少采用这种想把问题完全说清楚的专门的方式。对这个问题，该老师是在《致女儿的信》这篇课文基础之上，进行适当拓展来进一步说明的，课文的内涵点明了什么是真正的爱情，学生只知道什么是真正的爱情还是不行的，如何对待爱情，又当如何获得爱情呢？又当什么时候获得爱情呢？该老师通过"生活的美"的故事，以及苏格拉底的爱情故事来与学生的思维进行真实的碰撞，从而引导学生树立科学的爱情观。这种教育性、思想性，正契合语文的人文性，既突出了对生命的思考，对理想、信念的追求，对自然的热爱……也反映了尊重人的平等、自由等内容，这节课重点讨论的爱情观就是语文的人文内涵之一吧！

　　这样做，兼顾了语文的工具性与人文性。然而，在评课的时候，有人提出了，总体上看这节课是较成功的，但是却有些不太像语文课。是啊，课堂的后面部分，特别是拓展的内容，注重对学生思想的引导，还是语文课吗？不成了思品课了吗？但是，难道语文课就不可以对学生进行思想教育吗？不能寓思想教育于语文学习中吗？答案当然是否定的。因此，我们所要关注的是，在教学实践中如何突出学科的特点，对于语文学科来说，就是要达到工具性与人文性的统一，让语文更具有语文味！

（江苏兴化唐刘学校　薛茂红）

图书在版编目（CIP）数据

教师要学叶圣陶/雷玲主编. —上海：华东师范大学出版社，2014.1
ISBN 978－7－5675－1619－9

Ⅰ.①教… Ⅱ.①雷… Ⅲ.①叶圣陶（1894～1988）—教育理论—研究 Ⅳ.①G40－092.7

中国版本图书馆 CIP 数据核字（2014）第 010705 号

大夏书系·与大师同行
教师要学叶圣陶

主　　编	雷　玲
策划编辑	李永梅
审读编辑	卢风保
封面设计	奇文云海·设计顾问

出版发行	华东师范大学出版社
社　　址	上海市中山北路3663号　邮编200062
网　　址	www.ecnupress.com.cn
电　　话	021－60821666　行政传真 021－62572105
客服电话	021－62865537
邮购电话	021－62869887　地址　上海市中山北路3663号华东师范大学校内先锋路口
网　　店	http://hdsdcbs.tmall.com
印刷者	北京东君印刷有限公司
开　　本	700×1000　16开
插　　页	1
印　　张	15
字　　数	230千字
版　　次	2015年3月第一版
印　　次	2016年1月第二次
印　　数	6 101－9 100
书　　号	ISBN 978－7－5675－1619－9/G·7126
定　　价	32.00元
出版人	王　焰

（如发现本版图书有印订质量问题，请寄回本社市场部调换或电话021－62865537联系）